Der Buddhismus, eine geistige Strömung, die Asien in Jahrtausenden geprägt hat, findet heute im Westen zunehmendes Interesse. So unterschiedliche Disziplinen wie die moderne Physik, die Mathematik, die Psychotherapie und die Bewußtseinsforschung kommen alle zu einer Weltsicht, die den Erkenntnissen Buddhas sehr ähnlich ist. Das buddhistische Weltbild vermittelt eine ganzheitliche Sicht der Welt und der menschlichen Psyche. Als Ganzheitsschau hat er nicht nur eine intellektuell-wissenschaftliche und eine psychologisch-geistige Seite, sondern in erster Linie auch eine mystisch-spirituelle. Buddha ging es um praktische Hilfe bei der eigenen inneren Entwicklung, um die Evolution des Bewußtseins. Viele interessierte Leser lassen sich jedoch durch das immense Schrifttum des Buddhismus und durch umfangreiche, zum Teil hochkomplizierte wissenschaftliche Abhandlungen abschrecken. In diesem Buch arbeitet die Ethnologin Verena Reichle die Grundzüge des buddhistischen Weltbildes, den Kern dieses großen Gedankengebäudes heraus. Es geht hier also nicht um religiöse Überzeugungen, um Mythen, Sitten und Gebräuche, sondern um Einsichten, die nachvollziehbar sind.

Verena Reichle hat sich als Ethnologin seit Jahrzehnten sowohl mit der theoretischen wie der praktischen Seite des Buddhismus beschäftigt und die verschiedenen Aspekte dieser ganzheitlichen Weltschau in vielen Lehr- und Vortragsveranstaltungen vorgestellt. Die Autorin lebt in Bubikon in der Schweiz und hat eine Praxis für Lebensberatung.

Verena Reichle

DIE GRUNDGEDANKEN DES BUDDHISMUS

Fischer Taschenbuch Verlag

Originalausgabe
Veröffentlicht im Fischer Taschenbuch Verlag GmbH,
Frankfurt am Main, Juli 1994

Gesamtherstellung: Clausen & Bosse, Leck
Printed in Germany
ISBN 3-596-12146-9

Gedruckt auf chlor- und säurefreiem Papier

INHALT

Thailand: weibl. Buddha

VORWORT

Welche Ähnlichkeiten haben Buddhas und Einsteins Weltbild? Was trägt die buddhistische Lehre zu unserem westlichen Welt- und Religionsverständnis bei, und was bietet sie einem ganz persönlich für die eigene individuelle Entwicklung?

Dieses Buch ist für den Laien geschrieben, der sich über Buddhismus in seinen Grundzügen, über das buddhistische Welt- und Menschenverständnis orientieren möchte. Es geht in dieser Darstellung also darum, das Wesentliche herauszuarbeiten, das allen Schulen Gemeinsame zu erklären, und weniger um die verschiedenen Richtungen und Erweiterungen, auch nicht um die Mythen und Legenden, Sitten und Bräuche.

Der Buddhismus hat eine über zweitausend Jahre alte lebendige Tradition mit überaus mannigfaltigen Ausprägungen. In dieser ganzen Vielfalt ist jedoch nur eine zugrunde liegende Einheit spürbar. Als eine der wichtigsten geistigen Strömungen Asiens hat er große Teile dieses Kontinents während der letzten zwei Jahrtausende entscheidend geprägt. In seinem Ursprungsgebiet in Indien ist er jedoch seit fast tausend Jahren praktisch ausgestorben. In neuerer Zeit findet er im Westen vermehrtes Interesse, und dies im Zusammenhang mit so verschiedenen Gebieten wie Tourismus, Wissenschaft und Psychotherapie.

Ein Tourist hat vielleicht in Thailand oder Burma einen Tempel besucht und war berührt und fasziniert von der Atmosphäre der Friedfertigkeit, Gelassenheit und Heiterkeit, die man dort findet. Die Leute bringen ihren Teekessel auf glühenden Holzkohlen mit, setzen sich auf den Boden und trinken still ihren Tee. Vielleicht ist ein Mönch da, dem sie zuhören, oder es wird meditiert und gebetet. Im Marmortempel in Bangkok zum Beispiel kommen die Leute am Abend mit ihren Matten, um im Tempel zu schlafen, da er für sie der friedvollste Ort ist. Sie meditieren und fallen dabei in einen tiefen Schlaf. Am anderen Morgen gehen sie frisch gestärkt wieder ihren täglichen Pflichten nach.

Für wissenschaftlich Orientierte ist es faszinierend zu hören, daß westliche Physiker wie Einstein im zwanzigsten Jahrhundert zu ähnlichen Schlüssen kommen über die Welt und die menschliche Existenz wie Buddha vor zweieinhalbtausend Jahren. In der Physik wurden die Erkenntnisse durch jahrelanges intellektuelles Studium, Berechnungen und Laborversuche gewonnen, während Buddha die seinen durch jahrelanges Üben in intuitiver Schau, Selbsterkenntnis und Meditation erhielt.

Wer sich für psychologische und spirituelle Fragen interessiert, möchte vielleicht gern mehr wissen über die Ursprünge und Zusammenhänge vieler neuer Erkenntnisse in der Psychotherapie und Bewußtseinsforschung. Der Buddhismus hat auch große Ähnlichkeit mit dem Weltbild der amerikanischen Indianer und dem der Mystiker aller Zeiten und Religionen. Er ist jedoch im Verhältnis zu vielen ähnlichen Lehren sehr umfassend ausgearbeitet, geht intellektuell ins Detail und psychologisch in die Tiefe und gibt Anleitungen zur Selbsthilfe.

Wie dem auch sei, ich hoffe, daß dieses Buch auch dazu beiträgt, verschiedene Phänomene in unserer Welt besser zu verstehen und sich ein eigenes Urteil bilden zu können. Es wird den Leser vielleicht dazu anregen, sich neue Gedanken zum Thema Religion zu machen, und vielleicht öffnet es ihm auch einen neuen Zugang zum Christentum.

I.
DIE WICHTIGSTEN MISSVERSTÄNDNISSE

Daß der Buddhismus als Religion gilt, sorgt für viele Mißverständnisse, denn im Westen haben wir ganz bestimmte Vorstellungen über das, was eine Religion ist, ohne daß wir uns dessen notwendigerweise bewußt sind. Der Buddhismus ist jedoch keine Religion in unserem Sinn. Das fernöstliche und das westliche Religionsverständnis sind so wenig deckungsgleich wie etwa ein Physikbuch und ein Kochbuch. Beide können wichtige Bücher sein, behandeln aber zum großen Teil völlig verschiedene Wissensgebiete und tragen verschiedenen Bedürfnissen Rechnung. Sie decken sich bei gewissen Themen, z. B. beim Wasser, das bei 100 °C siedet. Wenn man Hunger hat und sich eine Mahlzeit kochen will, nützt ein Physikbuch herzlich wenig. Ebensowenig nützt ein Kochbuch, wenn man wissen will, unter welchen Bedingungen sich der Gefrierpunkt einer Flüssigkeit erhöht. Man muß wissen, was man will, und dann im richtigen Buch nachschauen.

Der Buddhismus behandelt also nicht unbedingt diejenigen Fragen, die für westliche Menschen zentrale religiöse Fragen sein mögen. Deshalb sollen im folgenden zuerst die Mißverständnisse aus dem Weg geräumt werden. Dazu ist zunächst wichtig zu wissen, was Buddhismus *nicht* ist. Auf diese Weise wird die nötige Klarheit gewonnen, um zu verstehen, was Buddhismus *ist*.

1.
Der Buddhismus ist kein Glaubenssystem

Im Westen wird das Wort Glaube oft gleichbedeutend mit Religion gebraucht: Eine Religion ist ein Glaube. Dies bildet geradezu die Grundlage unseres Religionsverständnisses. Der Buddhismus versteht sich jedoch nicht als Glaube in dem Sinn, daß man an gewisse Glaubenssätze oder an eine Dogmatik zu glauben hätte. Um hier etwas

Klarheit zu schaffen, müssen wir uns zuerst überlegen, was eigentlich »glauben« heißt und wofür dieses Wort gebraucht wird.

Die Grundbedeutung des Verbs *glauben* ist, etwas als wahr anzunehmen, von dem man nicht sicher weiß, ob es so ist. Wenn man nämlich sicher ist, dann sagt man nicht mehr »Ich glaube«, sondern »Ich weiß«. Oder wenn man nicht sicher ist und nicht weiß, was wahr ist, sagt man »Ich weiß es nicht«. Oft entsteht auch eine große Begriffsverwirrung mit Sätzen wie »Glaube ist Hoffnung« oder »Glaube ist Liebe« etc., als ob diese Wörter alle dasselbe bedeuten würden. Es haben aber grundsätzlich alle eine eigene Bedeutung: Glaube ist Glaube, Hoffnung ist Hoffnung, und Liebe ist Liebe. Eines kann zum anderen führen, aber auseinanderhalten sollte man diese Begriffe trotzdem, sonst kann man sie nicht mehr in ihrem eigentlichen Sinn gebrauchen.

Oft wird das Wort *Glaube* im Sinn von »Vertrauen auf eine höhere Macht« gebraucht. Dies entspricht dann nicht mehr der ursprünglichen Bedeutung des Wortes, sondern eben der Bedeutung von »Vertrauen«. Das Vertrauen in eine höhere Macht kann mit Glauben oder Wissen einhergehen oder etwas dazwischen wie zum Beispiel Vermuten. Der Unterschied zwischen glauben und wissen ist natürlich graduell. Zuerst denkt man, etwas sei möglich, dann vielleicht, es sei wahrscheinlich: Man »glaubt« oder »vermutet« es. Weiter kann etwas als *sehr* wahrscheinlich gelten, und vielleicht irgendwann »weiß« man.

In der Religion wird von uns Glaube gefordert, in der Wissenschaft hingegen gilt Glaube als etwas Lächerliches. So gilt es in unserer Gesellschaft als sehr aufgeklärt, bei Dingen, die man nicht versteht oder von denen man annimmt, sie seien nicht wissenschaftlich bewiesen, zu sagen »Das glaube ich nicht!«, oft in einem belächelnden Ton. Man ist doch schließlich nicht leichtgläubig, man glaubt nur an wissenschaftlich bewiesene Dinge und weist selbstverständlich alles andere von sich. Dabei merkt man nicht, daß man auf diese Weise genauso eine Glaubenshaltung einnimmt wie jemand, der alles glaubt. Denn »Das glaube ich *nicht*« ist genauso eine Glaubenshaltung wie »Das glaube ich«, nur mit umgekehrtem Vorzeichen.

Im allgemeinen legen wir also eine enorm starke Glaubenshaltung an den Tag, im Positiven wie im Negativen. Das ist nicht nur im Alltag oder in der Religion der Fall, sondern auch in der Wissenschaft. Unsere ganze Wissenschaft ist in ihrer Grundeinstellung stark gläubig. Dort gilt bei nicht konformen Aussagen oder Aussagen über nicht konforme

Gebiete nicht nur »Das glauben wir nicht«, sondern: »Was wir nicht glauben, gibt es auch nicht, und jeder, der sich auch nur für so etwas interessiert, macht sich lächerlich und ist unwissenschaftlich.« Der Begriff *Wissen-schaft*, der sich am Wissen und Nicht-Wissen orientieren sollte, pervertiert dann zu einer autoritären Glaubenshaltung, zu einer Dogmatik.

Wie verhält es sich nun im Buddhismus? Buddha legte großen Wert darauf, daß man ihm nicht einfach blind glaubte. Er hielt seine Zuhörer an, kein einziges Wort seiner Lehre anzunehmen, nur weil er es gesagt habe. Es bringt nichts, sich zu zwingen, etwas zu glauben oder einfach naiv zu sagen »Ich glaube«. Eine Lehre soll erst dann als wahr angenommen werden, wenn man durch eigene Erfahrung erkannt hat, daß sie »heilsam« ist, d. h., daß sie zu Erkenntnis führt und sich positiv auswirkt. Außer der Prüfung durch die eigene Erfahrung gibt es keine Autorität und kein Dogma, nichts und niemand, der bestimmt, was richtig und was falsch ist. Wenn eine Idee nämlich als Dogma behandelt wird, so entbindet das sowohl Lehrer als auch Schüler davon, darüber nachzudenken.

> »Glaubt nicht an irgendwelche Überlieferungen, nur weil sie für lange Zeit in vielen Ländern Gültigkeit besessen haben. Glaubt nicht an etwas, nur weil es viele dauernd wiederholen. Akzeptiert nichts, nur weil es ein anderer gesagt hat, weil es auf der Autorität eines Weisen beruht oder weil es in einer heiligen Schrift geschrieben steht. Glaubt nichts, nur weil es wahrscheinlich ist. Glaubt nicht an Einbildungen oder Visionen, die ihr für gottgegeben haltet. Glaubt nichts, nur weil die Autorität eines Lehrers oder Priesters dahintersteht. Glaubt an das, was ihr durch lange Prüfung für richtig erkannt habt, was sich mit eurem Wohlergehen und dem der anderen vereinbaren läßt.«[1]

Aber selbst so klare und eindrückliche Ermahnungen konnten nicht verhindern, daß es während der jahrtausendealten Geschichte des Buddhismus immer wieder Dogmatismus gab.

Nicht blind glauben ist die eine Seite der Ratschläge Buddhas. Die andere ist, nicht in Zweifelsucht zu verfallen. Zweifelsucht gilt als großes Hindernis bei der Entwicklung eines wachen Bewußtseins. Buddha rät, auf sein eigenes inneres intuitives Gefühl vertrauen zu lernen und dieses zu fördern. Das deutsche Wort »Gespür« ist hier vielleicht am passendsten. Ein paar Monate vor seinem Tod gab Buddha seinem niedergedrückten Jünger Ananda noch folgenden Ratschlag:

»Daher, Ananda, macht euch selbst zu eurer Insel (eurer Stütze), macht euch selbst, sonst niemand, zu eurer Zuflucht; macht in eurem Leben das Dhamma (die Wahrheit, die Lehre) zu eurer Insel (eurer Stütze), macht das Dhamma und nichts anderes zu eurer Zuflucht.«[2]

2.
Der Stellenwert der historischen Wahrheit und der alten Schriften

Unser Religionsverständnis ist an die Vorstellung einer historischen Wahrheit gebunden. Eine Religion muß historisch wahr sein, etwas muß sich tatsächlich zugetragen haben. Die Geschichte von Jesus ist in ihren Grundzügen wahr, und auch das alte Testament enthält viele historische Erzählungen, wie z. B. über die Stämme Israels. Diese historische Wahrheit kann sogar zum Angelpunkt des Religionsverständnisses eines Christen werden. Ein Zweifler bekommt zum Beispiel das Buch »Und die Bibel hat doch recht« in die Hand, oder er nimmt an einer Reise nach Israel teil, geleitet vom Pfarrer seiner Gemeinde. Dort vernimmt und sieht er mit großem Erstaunen, wieviel an den Geschichten der Bibel wahr ist. Auf Schritt und Tritt begegnet er Ruinen oder Orten, wo die eine oder andere Begebenheit aus der Bibel stattgefunden hat. Selbst der große Stein, wo eine Frau aus dem Alten Testament sich ausruhte, wenn sie Wasser holen ging, ist noch da. So vieles ist belegt und beweisbar, daß der Zweifler sich sagt: »In diesem Fall *muß* ich ja glauben.«

Ganz anders das Religionsverständnis des Buddhisten. Dieses ist an keine historische Wahrheit gebunden, und selbst wenn es sich erweisen sollte, daß Buddha als historische Gestalt gar nie existierte, würde dies der Lehre als solcher keinen Abbruch tun. Es ist denn auch bezeichnend, daß selbst auf dem dritten buddhistischen Konzil, 300 Jahre nach Buddhas Tod, es niemandem in den Sinn kam, Buddhas Lebensgeschichte aufzuschreiben. Für den Wahrheitssucher ist es unwesentlich, woher die Wahrheit kommt, es ist auch nicht nötig, daß sie von Buddha kommt. Einen Buddhisten kann man nicht ärgern, indem man ihm sagt: »Ach was, den Buddha hat es gar nie gegeben, das ist jetzt gerade von Historikern bewiesen worden!« Da hätte er wahrscheinlich nur ein mitleidiges Lächeln übrig: Was soll's? Darauf kommt es ja gar nicht an.

Worauf kommt es dann an? Der Buddhist hat zu seiner Lehre ein ähnliches Verhältnis wie etwa der Physiker zur Relativitätstheorie. Ob diese stimmt, hängt nicht davon ab, ob Einstein tatsächlich jemals gelebt hat oder nicht. Einstein fand einfach gewisse Gesetzmäßigkeiten heraus, die unabhängig von ihm existieren. Hätte er sie nicht herausgefunden, wäre früher oder später vielleicht jemand anders darauf gekommen. Es gehört auch nicht zum Studium der Physik, eine Biographie über Einstein zu lesen. Das Leben von Einstein ist für die physikalischen Gesetzmäßigkeiten gar nicht relevant, und kaum ein Physiker kümmert sich darum. Es fällt auch keinem Physiker ein, im Zusammenhang mit der Relativitätstheorie nachzuforschen, was Einstein für ein Verhältnis zu Frauen gehabt hat oder ähnliches. Ich habe auch noch nie die Frage gehört, wie die Stellung der Frau in der Physik oder in der Relativitätstheorie im besonderen sei. Das wäre eine absurde Frage, und genauso absurd ist die Frage nach der Stellung der Frau im buddhistischen Weltbild. Wenn schon, müßte man nach der Stellung der Frau in buddhistischen Schriften oder in buddhistischen Ländern fragen. Und buddhistische Länder und Schriften sind noch durch viele andere kulturelle Faktoren geprägt, neben der Tatsache, daß sie Buddhas Erkenntnisse als Grundlage ihres Weltverständnisses betrachten. Vielleicht wird man einmal in tausend oder zweitausend Jahren die Frage stellen, wie die Stellung der Frau in den westlichen Ländern zur Zeit Einsteins war.

Das Verständnis des Buddhisten für seine Lehre ist denn auch eher ein wissen-schaftliches als ein gläubiges. Die Buddhisten haben Freude an allen neuen wissenschaftlichen Erkenntnissen des Westens, weil diese nur ihre Lehre bestätigen können. Es geht ihnen mehr darum, Gesetzmäßigkeiten zu verstehen, die einen weiterbringen, als eine Geschichte zu glauben. Wenn man die Gesetzmäßigkeiten einmal verstanden hat, kann man sie im täglichen Leben anwenden.

Buddhistische Schriften werden deshalb immer wieder neu geschrieben, da sie in Sprache, Form und Beispielen den Lebensbedingungen und dem Verständnis der jeweiligen Zeit wieder neu angepaßt werden müssen. Auch bei uns werden Lehrbücher immer wieder neu geschrieben, vor allem für die Schule. Von einem Physiker wird zum Beispiel nicht verlangt, daß er Latein lerne, damit er die Schriften Newtons lesen könne. Und niemandem käme es in den Sinn zu behaupten, solange er Newton nicht im Original gelesen habe, verstehe er das Gesetz der Gravitation nicht und könne sich somit nicht Physiker nennen. Ein Physiker liest nicht einmal Einsteins Theorie im Originaltext.

Eine solche Sicht der Dinge bestimmt auch das Verhältnis des Buddhisten zu seinen Schriften. Im Buddhismus gibt es keine sogenannte »Heilige Schrift«, keine Offenbarung, in der alles enthalten und jedes Wort heilig wäre. Die ältesten Texte wurden erst 200 bis 400 Jahre nach Buddhas Tod niedergeschrieben und gelten nicht als durchwegs wahre oder richtige Aussagen Buddhas, insbesondere weil viele Ungereimtheiten darin enthalten sind. Zudem hatten selbst spätere Autoren die Gewohnheit, Ideen, die ihnen wichtig schienen, Buddha in den Mund zu legen. Der Buddhist ist aufgerufen, allem gegenüber, auch gegenüber seinen eigenen alten Schriften, kritisch zu sein. Er hat somit ein loseres Verhältnis zu religiösen Schriften als etwa ein Christ oder ein Moslem, der eine Heilige Schrift besitzt. Das buddhistische Schrifttum ist etwas sehr Lebendiges, indem jedes Zeitalter und jede Tradition wieder ihr eigenes Wissen beitragen. Das Buddha-Prinzip ist zeitlos, deshalb können sich alle Texte auf Buddha berufen, wenn sie wahrheitlich sind, d. h. aus der eigenen inneren Wahrheit kommen. Und das Gespür dafür schult ein Buddhist in seinen Meditationen, wo es um ein Gewahrwerden dessen geht, was ist.

3.
Der Buddhismus ist eine Sowohl-als-auch-Religion

Wir sind es gewohnt, beim Thema Religion im Entweder-Oder-Schema zu denken. Man ist z. B. Christ oder Moslem, Christ oder Buddhist, und selbst innerhalb des Christentums ist man entweder Katholik oder Protestant oder noch etwas anderes. Dieses Entweder-Oder-Denken, das typisch ist nicht nur im Christentum, sondern auch in den verwandten nahöstlichen Religionen des Judentums und Islams, ist sehr untypisch für den Buddhismus und das ostasiatische Denken allgemein. Hier gibt es in religiösen Dingen kein Entweder-Oder, sondern ein Sowohl-als-auch. Es spielt keine Rolle, von welcher Religion die Gedanken und Anstöße kommen, die einen weiterbringen, die »heilsam« sind, wie der Buddhist sich ausdrückt. Die Entscheidung, was für einen gut ist, liegt letztlich bei einem selbst, und wenn Religionen wirklich nur das Gute wollen für die Menschen und somit ein gemeinsames Ziel haben, dann wollen sie sicher auch gern zusammenarbeiten, damit sie sich die Arbeit erleichtern können. Daß Buddha ein Rivale von Jesus sein könnte, ist undenkbar, schon eher ein Mitarbeiter oder Freund. Auf diese Einstellung trafen viele christliche Missionare in Südostasien. Die Einheimischen hatten zu Hause ein Bild von Buddha aufgestellt, das sie bei Annahme des Christentums hätten wegnehmen und verbrennen sollen, um es dann durch ein Bild von Jesus zu ersetzen. Diese Forderung verwirrte die Leute sehr, hatten sie doch gelernt, daß auch Jesus ein sehr gütiger und hilfreicher Mensch war. Lieber zwei Helfer im Haus als nur einen, solche Wohltäter konnte man gar nicht genug haben. Sie erklärten kurzerhand, Buddha sei der Cousin von Jesus und die beiden hätten absolut nichts gegeneinander.

Diese grundsätzliche Sowohl-als-auch-Haltung hat auch die äußerste Toleranz zur Folge, die dem Buddhismus eigen ist. Der Buddhismus hat nie verlangt, daß seine Anhänger ihm ausschließlich angehören und ihre frühere Verbindung mit anderen Religionen aufgeben. Es gibt auch keine Instanz, die über die Zugehörigkeit zur buddhistischen Religionsgemeinschaft oder über den Ausschluß aus ihr bestimmen könnte; es gibt also weder Taufe noch Exkommunikation. Der Buddhismus sieht sich deshalb nicht als Konkurrenz zu anderen Religionen. Woher und aus wie vielen Quellen die eigene Erkenntnis kommt, ist letztlich unwesentlich.

Folgendes Edikt des Kaisers Ashoka (ca. 250 v. Chr. in Indien) zeigt diese tolerante Sowohl-als-auch-Haltung deutlich. Ashoka überzeugte sich vom buddhistischen Gedankengut und gab ihm wie folgt Ausdruck:

> »Nicht das Verketzern anderer Religionsgemeinschaften oder das grundlose Geringschätzen derselben, sondern die Achtung anderer Religionsgemeinschaften und Ehrerbietung ihnen gegenüber, wo immer sich Anlaß dazu bietet, ist recht. Wer so handelt, unterstützt seine eigene Religionsgemeinschaft und erweist derjenigen anderer einen guten Dienst; wer entgegengesetzt verfährt, schädigt die eigene Religion und beleidigt die der anderen.«[3]

4.
Im Buddhismus gibt es keinen Gott in unserem Sinn

Kurz ausgedrückt könnte man sagen: In der buddhistischen Lehre gibt es zwar keinen Gott in unserem Sinn, aber wer lieber an einen glauben möchte, soll das tun. Diese kurze Aussage bedarf aber einer genaueren Erklärung.

Es gibt im Buddhismus keinen Gott im Sinne einer persönlichen oder unpersönlichen Kraft, die außerhalb uns und der Welt stünde und grundsätzlich anders beschaffen wäre als wir selbst und die ganze Schöpfung. Es gibt nur eine Energie, die in allem enthalten ist und allem zugrunde liegt. Ob man diese Energie Gott nennen will oder nicht, ist eine Frage der Wortwahl.

Da es keinen Gott gibt, der vom Menschen getrennt ist, gibt es auch keine Vorstellung von Distanz, von Getrenntheit oder Andersartigkeit, die den Menschen als armseligen Sünder im Angesicht des allmächtigen Gottes erscheinen läßt.

Buddha wird zwar heute von vielen Menschen wie ein Gott verehrt, was dann dem Reisenden aus dem Westen den flüchtigen Eindruck geben kann, der Buddhismus sei eine Religion wie die unsere. Für den Buddhisten war Buddha ein überaus weiser, gütiger Mensch, der Erleuchtung erlangte und der Menschheit lebenswichtige Einsichten über die menschliche Existenz vermittelte. Dafür ist ihm der Buddhist zutiefst dankbar und verehrt ihn mit großer Anhänglichkeit und Zuneigung. Die Vorstellung von Distanz und Gottesfurcht fehlt völlig, die Menschen fühlen sich Buddha tief verbunden. Hier ist ein großer Unterschied zur westlichen Gottesverehrung spürbar. Der westliche Mensch steht in seinem Verhältnis zu Gott zwischen Gottesfurcht und Liebe, die zwei sich widersprechende Haltungen sind und die ihm deshalb manchmal auch zu schaffen machen. Man kann nicht lieben, sich verbunden fühlen oder Zutrauen haben, wenn man Furcht hat, denn Furcht schafft Distanz.

Ein großer vermeintlicher Widerspruch zur Aussage, im Buddhismus gebe es keinen Gott, findet sich in der tibetischen Religion. Im tibetischen Buddhismus wimmelt es nur so von Gottheiten; es gibt wohl kaum eine Religion, die mehr Gottheiten kennt als diese. Wie läßt sich dies vereinbaren mit dem buddhistischen Grundgedanken? Der Buddhismus als eher abstraktes Denksystem hat sich überall mit dem bestehenden Kulturgut und den religiösen Vorstellungen vermischt. Er brachte ja keine neuen Gottheiten, also konnte man die alten behalten. Nun hatte Tibet in vorbuddhistischer Zeit eine ungewöhnlich reichhaltige Götter- und Dämonenwelt. Mit dem Einfließen des buddhistischen Gedankengutes wurden aus den schrecklichen Dämonengestalten Schutzgottheiten. Sie konnten also ohne weiteres bestehenbleiben, es wurde ihnen jedoch der Schrecken genommen, und man hat sie nicht mehr als allwissend und allmächtig angesehen. Ebenso gelten sie nicht mehr als zentrale Figuren der Religion.

Der Buddhismus lehnt Gottheiten nicht grundsätzlich ab, aber sie gehören nicht zur eigentlichen Lehre. Das Verständnis von Gottheiten ist ein psychologisches, das auch die moderne westliche Psychologie teilt: Eine Gottheit oder ein Gott ist eine Personifizierung eines psychischen Inhalts, das heißt einer Eigenschaft, Funktion oder sonstigen Vorstellung, die zur Gestalt wird, zu einer Projektion des Unbewußten. Wenn dies für das religiöse Verständnis eines Menschen nötig ist, so wird es so belassen. Nicht alle Menschen können sich auf der abstrakten Ebene der buddhistischen Lehre zurechtfinden und brauchen deshalb mehr Anschaulichkeit, mehr Personifizierung. Wer sich unter abstrakten Begriffen nichts vorstellen kann, für den mag es sinnvoll und richtig sein, einen konkreten Gott zu haben. Jede religiöse Vorstellung ist gut, wenn sie »heilsam« ist, das heißt zum Wohlergehen und zur Entwicklung im weitesten Sinne beiträgt. Auch hier ist wieder die große Toleranz zu spüren, die den Buddhismus kennzeichnet.

Wie aus dem oben geschilderten Gottesverständnis hervorgeht, ist es fast unmöglich, den Buddhismus als Vorwand für Kriege zu mißbrauchen, also Religionskriege in seinem Namen zu führen, und bisher hat es dies auch noch nie gegeben. Es gibt ja keinen Gott, der als der allein richtige gilt und für den man in den Krieg ziehen könnte. Die Buddhisten sind auch nicht sehr empfindlich gegenüber Verunglimpfungen ihrer Religion. Auch wenn Schlechtes über Buddha gesagt würde, ein Buddhist würde sich deshalb nicht in seinem Heiligsten angegriffen fühlen und aus diesem Grunde auch nicht zu Aggressionen neigen. Buddha ist nicht in diesem Maße eine Projektion, wie es Gott in monotheistischen Religionen ist: Wenn alle heiligen, hehren und erhabenen Gefühle auf Gott projiziert, also in einen Gott außerhalb von einem selbst hineingedacht werden und so nicht mehr Teil von einem selbst sind, dann wird diese Gottesvorstellung zu einer ganz besonders verwundbaren Stelle, einer eigentlichen Achillesferse und damit zu einer Angriffsfläche für Feinde. Wer diesen Gott angreift, der greift zugleich alle erhabenen Gefühle des Menschen an, und der Mensch fühlt sich dann in seinem Innersten, seinem heiligen Kern, selbst angegriffen. Das gleiche findet man bei Angriffen auf eine Heilige Schrift. Wenn ein Gott oder eine Heilige Schrift in einer monotheistischen Religion angegriffen wird, wird das von den Menschen als Angriff auf ihr innerstes heiliges Selbst aufgefaßt und gilt deshalb als starke Provokation.

5.
Keine metaphysischen Spekulationen

Buddha stellte keine metaphysischen Spekulationen an, d. h., er weigerte sich, Antworten auf Fragen spekulativer Art über »Gott und die Welt« zu geben, die er nicht beantworten konnte oder die er für unbeantwortbar hielt, will man sich nicht in Vorstellungen oder Behauptungen flüchten. Solche Fragen sind zum Beispiel »Wer schuf die Welt?« oder »Wie ist sie enstanden?«, »Wann wird sie vergehen?« und so weiter. Diese Fragen, die in unserem Religionsverständnis von zentraler Bedeutung sein mögen und zu deren Beantwortung ganze Dogmatiken aufgebaut wurden, betrachtete Buddha nicht nur als unbeantwortbar, sondern auch als unwesentlich, da ihre Beantwortung nichts zur geistigen Entwicklung, zur Befreiung oder zum Wohlergehen der Menschen beitrage. Buddha geht es nicht um irgendeine Philosophie oder Spekulation, sondern ganz pragmatisch, nützlichkeitsbezogen um Erkenntnisse, die den Menschen weiterhelfen. Was nicht weiterhilft, nicht »heilsam« ist, ist nicht von Belang.

Im Zusammenhang mit der Frage nach Anfang und Ende der Welt betonte Buddha die Unendlichkeit der Weltsysteme und Galaxien. Er gebrauchte dafür folgendes Gleichnis: Das Weltende ist noch so viele Jahre entfernt, wie man bräuchte, um den Himalaja abzutragen, indem man ihn alle hundert Jahre mit einem Gazetüchlein berühren würde.

Diese Unendlichkeit, sowohl im räumlichen wie im zeitlichen Bereich, macht vielen Menschen geradezu angst. Was unendlich ist, kann man nicht voll eingrenzen, besitzen oder kontrollieren. Vor allem in einer patriarchalen Welt, wo es für Männer darum geht, alles, selbst die Natur und die Lebewesen (auch Frauen!), unter Kontrolle zu halten, bereiten solche Vorstellungen Mühe. Ich erinnere mich an einen Bekannten, der mir sagte, wie er als Kind mit der Unendlichkeit der Zahlenreihe in Kontakt kam. Als er stolz darauf war, bis zwanzig zählen zu können, klärte ihn seine Mutter auf, daß die Zahlen aber noch weiter gehen. Als er bis fünfzig zählen konnte, dachte er, jetzt hätte er es geschafft, aber wieder sagte ihm die Mutter, daß man noch weiter zählen könne. Das gleiche geschah bei hundert und bei tausend. Als er schließlich hören mußte, daß man selbst bei einer Million und tausend Millionen noch weiter zählen könne, brach er in Tränen aus: Das würde er also nie im Griff haben, damit würde er nie fertig.

Im Westen denken wir traditionell in endlichen Systemen, aber auch diese haben ihre Tücken, wie die Spiele mit der Logik zeigen: Wenn die Welt endlich ist, also abgegrenzt ist, was ist dann jenseits der Grenze? Und wenn sie irgendwann ihren Anfang nahm, was war dann vorher? Was war vorher, das Huhn oder das Ei?

6.
Der Begriff der Wahrheit

Über die Wahrheit läßt sich bekanntlich streiten, wenn nötig bis zum Religionskrieg. Was unter Wahrheit verstanden wird, ist denn auch von Religion zu Religion verschieden. Unser Religionsverständnis geht im allgemeinen davon aus, daß es *die* Wahrheit gebe, also eine einzig richtige Wahreit im Sinne einer konkreten oder historischen Aussage. So sagte mir einmal ein überzeugter und gebildeter Christ, für Christen sei die Wahrheit eigentlich kein Problem, denn wir besäßen sie ja. Auf die Frage, was denn diese Wahrheit sei, antwortete er: »Daß Jesus Christus für uns auf die Welt gekommen und am Kreuz gestorben ist, um uns zu erlösen.« Deshalb erübrige es sich auch, sich mit anderen Religionen zu befassen.

Der Wahrheitsbegriff im Buddhismus auf der anderen Seite ist sozusagen asymptotisch, d.h., man kann sich der Wahrheit immer mehr nähern, aber sie ist unendlich, und ganz kann man sie nie wissen. In einem alten Text findet sich folgendes Gleichnis, wie Wahrheit zu verstehen sei:

Ein König ließ einmal alle Blindgeborenen der Stadt versammeln, um ihnen einen Elefanten zu zeigen. Ein Mann wurde beauftragt, die Blinden zum Elefanten zu führen, damit sie ihn betasten und nachher beschreiben konnten. So zeigte der Mann einigen Blindgeborenen den Kopf, einigen anderen das Ohr, wieder anderen den Zahn, einigen den Rüssel, den Rumpf, den Fuß, das Hinterteil, den Schwanz und das behaarte Schwanzende. Darauf forderte der König die Blindgeborenen auf, den Elefanten zu beschreiben. Die Blinden, die den Kopf befühlt hatten, sagten, der Elefant sei wie ein Kessel, diejenigen, die den Zahn berührt hatten, er sei wie eine Pflugschar. Die Betaster des Rüssels behaupteten, der Elefant sehe aus wie eine Stange am Pflug; und wer den Rumpf erkundet hatte, behauptete, der Elefant sehe aus wie ein Kornspeicher. Wer den Fuß befühlte, sagte, der Elefant sei wie ein Pfeiler, wer das Hinterteil befühlt hatte, er sei wie ein Mörser. Wer den Schwanz in der Hand gehalten hatte, verglich den Elefanten mit einer Keule, und wer das behaarte Schwanzende befühlte, verglich ihn mit einem Besen. Leider hielt jeder Blinde seine Beschreibung für die einzig richtige und verfocht sie deshalb auch immer hitziger, so daß die Beschreibung des Elefanten schließlich zu einem Handgemenge der Blinden ausartete.[4]

Aus diesem Gleichnis lassen sich folgende Anschauungen ableiten, die alle für den Buddhismus typisch sind:

1. In gewissem Maße sind wir alle blind, d. h., wir können nicht die ganze Wahrheit erfassen.
2. Einen Aspekt oder eine Teilwahrheit zu erhaschen liegt jedoch für jeden Menschen im Bereich des Möglichen. Das Problem besteht nur darin, daß jeder dabei geneigt ist, seinen Teilaspekt für die einzig richtige, ja sogar für die gesamte Wahrheit zu halten.
3. Ein weiteres Problem liegt in der Interpretation: Da einem nur ein Teilaspekt zugänglich ist, besteht die Gefahr der Fehlinterpretation. Auch die Assoziation zu anderen, früher betasteten Objekten führt zu Fehlinterpretationen.
4. Die Wahrheit ist sowohl-als-auch, nicht entweder-oder. Die einzelnen Teilaspekte, die von verschiedenen Menschen wahrgenommen werden, schließen sich gegenseitig nicht aus, obschon das auf der Oberfläche so aussehen mag. Ein Strick und ein Kornspeicher scheinen nichts miteinander gemeinsam zu haben.
5. Je mehr man selber von der Wahrheit erhascht, desto weniger kann

man sie in konkreten Begriffen oder Vorstellungen ausdrücken; und desto eher läßt man Teilwahrheiten anderer gelten, die man selbst zuvor für unmöglich gehalten hätte, weil man sie noch nicht erfahren hat.

7.
Die Ebene der Betrachtung

Was den Buddhismus für westliche Menschen interessant macht, sind nicht so sehr die Rituale und Legenden, sondern seine Grundgedanken. Wir brauchen keine neuen religiösen Überzeugungen oder Glaubenssysteme, denn wir haben ja unsere eigene Religion und unsere eigenen Sitten und Bräuche. Mit anderen Worten, es ist nicht so sehr das fremde Kulturgut, das uns interessiert, sondern eine bestimmte Denk- und Seinsweise. Und um diese geht es in diesem Buch. Es geht also nicht um die mannigfaltigen kulturellen Ausprägungen, wie sie im Laufe der Jahrhunderte, ja Jahrtausende entstanden sind. Es geht auch nicht in erster Linie darum, ob thailändische buddhistische Mönche in heutigen öffentlichen Verkehrsmitteln einer Frau ins Auge sehen dürfen oder nicht oder wie viele Klosterregeln es in einem buddhistischen Land gibt. Solche Einzelheiten und Kuriositäten sind in Anbetracht der großen Denkleistung Buddhas doch eher nebensächlich.

Der Buddhismus als Denk- und Lebensweise ist kulturell unabhängig, da er an keine Rituale, Sitten oder Bräuche gebunden ist. Das heißt nicht, daß der Buddhismus sich nicht überall vermischt hat mit dem Volksgut des jeweiligen Landes. Ganz im Gegenteil, gerade weil er im Kern an keine Kultur gebunden ist, kann er überall aufgenommen werden. Im allgemeinen werden sämtliche Sitten in einem buddhistischen Land, die irgendwie religiös gefärbt sind – und das sind die meisten –, als buddhistisch bezeichnet. Dies ist richtig im landläufigen Sinn von buddhistischem Kulturgut, und zum Teil haben diese auch ihre Wurzeln in den alten Schriften. Falsch wäre die Annahme, im Buddhismus gehe es um die Befolgung dieser Rituale, Sitten oder Bräuche, oder daß diese wichtig oder gar zentral wären.

Eine Studentin sagte mir einmal, Buddhismus interessiere sie nicht groß, das sei ein lächerlicher Glaube. Der Grund war folgender: Sie kannte eine thailändische Frau, die jeden Tag ihrer Buddha-Statue Wasser zu trinken gab, damit Buddha nicht verdurste. Buddhismus als Volksreligion kann offensichtlich auf vielen Ebenen existieren, auch auf der des bereits abergläubischen Volksgutes. Dies scheint übrigens die Ebene zu sein, auf der fremde Religionen von westlichen Menschen am ehesten wahrgenommen werden.

Eine andere Studentin bemerkte: »Ah, der Buddhismus, das ist doch die Religion, wo der Buddha seiner Mutter aus der rechten Hüfte entsprungen ist. Das haben wir im Religionsunterricht gehabt.« Hier also liegt der Buddhismus auf dem Niveau der sagenumwobenen Geschichten und Legenden. Diese Verständnisebene ist ebenfalls weit verbreitet und wahrscheinlich der Tatsache zuzuschreiben, daß wir uns unter dem Stichwort »Religion« wundersame Geschichten vorstellen und somit bei einer fremden Religion vor allem diese suchen und natürlich auch finden. Leider hört das Interesse auf dieser Ebene dann auch gerade auf, denn so interessant sind diese Geschichten ja auch wieder nicht. Daß der Buddhismus daneben jedoch noch eine ganze Weltschau bereithält, wird oft weder erwartet noch erkannt.

Manchmal frage ich mich, ob diese Art der Beschäftigung mit Buddhismus eine Art Selbstschutz vor innerer Entwicklung ist, d. h. eine Angst, irgend etwas uns fremd Scheinendes oder Neues könnte unsere bisherige Sicht der Dinge in Frage stellen und uns veranlassen, alte Denkmuster zu überprüfen. Man muß sich aber fragen, woher diese Angst kommt, sich mit neuem Gedankengut auseinanderzusetzen und es als uns fremd zu betrachten. Ist es deshalb, weil das eigene, vielleicht mühsam aufgebaute Glaubenssystem ins Wanken geriete, wenn man mit Ideen konfrontiert würde, die plausibler wirken? In der westlichen Entweder-Oder-Haltung in Glaubensdingen bekommt man dann gleich das Gefühl, man müsse das ganze eigene Glaubensgebäude über den Haufen werfen, und wer möchte das schon? Also lieber sich schützen vor solch extravaganten, exotischen geistigen Auseinandersetzungen und auf dem sicheren Boden der niedlichen Geschichten wie der mit der rechten Hüfte bleiben. Zudem sind wir schließlich der entwikkelte Teil der Welt und müßten es sowieso besser wissen.

Buddhismus als Kulturgut gibt es auf allen Ebenen: der abergläubischen, mythologischen, legendären, historischen, religiösen und künstlerischen. Im folgenden wird uns der Buddhismus aber weniger als Kulturgut interessieren denn als Weg zum Verständnis von sich selbst und der Welt.

8.
Das buddhistische Weltbild ist nicht materialistisch

Die meisten westlichen Menschen haben ein materialistisches Weltbild, auch wenn es ihnen gar nicht bewußt ist. Dies gilt interessanterweise auch für Leute, die gar nicht besonders materialistisch eingestellt sind, die also nicht unbedingt in erster Linie dem Geld nachrennen. Erstaunlich ist diese Tatsache insofern, als ja auch unsere christliche Religion kein materialistisches Weltbild vertritt: »Am Anfang war das Wort«, und nicht »Am Anfang waren die materiellen Möglichkeiten« oder »Am Anfang waren die chemischen oder physikalischen Prozesse«. Offensichtlich sind wir in unserem Denken aber sehr viel mehr von der materialistischen Sichtweise der Wissenschaft geprägt als von unserer Religion.

Ein nicht-materialistisches Weltbild wäre eine Sicht der Welt, nach der der Geist, die Idee, das Denken vor der materiellen Grundlage stehen bzw. nach der dank den Ideen die materiellen Grundlagen erst geschaffen werden. Dazu mögen folgende banalen Beispiele aus dem Alltag dienen: Ein Architekt oder Bauherr kann kein Haus bauen, wenn er sich nicht vorher eine Vorstellung gemacht hat, wie es aussehen soll, wohin die Türen und Fenster kommen etc. Im Gegenteil, bevor er es zu bauen anfängt, macht er sich sogar recht genaue Vorstellungen in der Form von Plänen. Wenn jemand überhaupt keine Vorstellung hat, wie ein Haus aussieht, kann er auch keines bauen, da mag noch so viel Baumaterial herumliegen. Oder noch elementarer: Man kann nicht einmal ein Fahrrad kaufen, wenn man nicht vorher auf die Idee kommt, man möchte oder könnte eines kaufen. Vorher interessieren einen Fahrradläden im allgemeinen nicht, man schaut nicht einmal hinein. Wenn aber die Idee eines Kaufs vorhanden ist, stellt sich die Frage des Geldes, der materiellen Grundlage. Auch diese läßt sich mit Ideen leichter aufbauen bzw. überhaupt erst aufbauen. Vielleicht kann man das Fahrrad selbst zusammensetzen und so Geld sparen. Und als Architekt kann man nur Geld verdienen, wenn man Ideen von Häusern hat.

Es ist natürlich klar, daß sofort eine Wechselwirkung zwischen materieller Grundlage und Ideen entsteht: Je mehr Geld man hat, desto mehr Zeit und Möglichkeiten hat man wiederum, neue Ideen zu entwickeln, sofern man das will. Wenn aber der ideelle Impuls nicht immer von neuem besteht, nützen auch die besten Möglichkeiten nichts.

Im Gegensatz dazu geht eine materialistische Sicht der Welt davon aus, daß alles Existierende, auch alles Denken und Bewußtsein, eine Frage der materiellen Grundlage sei. Alles und alle funktionieren wie Teilchen in einem großen Räderwerk, austauschbar. Dies äußert sich in unserer Wirtschaftsordnung, die unsere Gesellschaft dominiert und die wie ein gigantisches Räderwerk aufgebaut ist, wo die Menschen als austauschbare und wegwerfbare Zahnrädchen funktionieren und der Sinn des Lebens nur noch in diesem Funktionieren gesehen wird. Auch die westliche Medizin basiert auf der Annahme, der menschliche Körper funktioniere wie eine Maschine oder ein chemisches Labor: Im Bedarfsfall gibt man fehlende chemische Substanzen ein oder ersetzt Teile. Der Körper wird zu einer Art Baukastensystem, das Immunsystem versucht man zu überlisten. Damit haben wir zwar viel erreicht, aber auch viele neue Probleme geschaffen; und es stellt sich immer mehr die Frage, ob diese Sicht der Dinge nicht allzu einseitig ist. Vor allem in der Psychiatrie stellen sich Probleme. Irgendwelche Pillen bewirken irgendwelche chemischen Vorgänge, und damit hofft man, daß der Fall erledigt sei. Denn wenn die Chemie im Körper richtig funktioniert, dann funktioniert auch der Mensch richtig. Das Bewußtsein gilt ebenfalls als Produkt dieser chemischen Prozesse im Gehirn. Ohne Gehirn kein Bewußtsein, und daraus folgt, daß es nach dem Tode aus ist: Würmer, Verwesung, Humus, Erde.

Vielleicht ist das Gehirn aber nicht nur ein chemisches Labor, sondern auch so etwas wie ein Fernsehapparat. Die Qualität von Bild und Ton hängt zwar vom richtigen Funktionieren der Bestandteile ab, und dies kann man reparieren oder ersetzen. Aber das Programm selbst wird bekanntlich nicht vom Fernsehapparat erzeugt, und wenn es einem nicht gefällt, kann man noch soviel am Gerät herumreparieren, es wird nicht besser.

Ein weiteres Beispiel der westlichen materialistischen Weltsicht ist die Art und Weise, wie Entwicklungshilfe geleistet wird. In einer afrikanischen Stadt müßte man ein Spital bauen, damit den Leuten geholfen wäre; in einem indischen Dorf fehlt eine Schreinerwerkstatt, dann könnten sich die Leute selbst helfen; in einer nepalischen Stadt muß nur das Brunnensystem instand gesetzt werden, dann hätten die Leute wieder Trinkwasser; in einem weiteren Dorf müßte man endlich die Ärmsten der Armen erreichen; und woanders bräuchte man einfach eine bestimmte Summe Geld, dann wäre den Leuten für das Gröbste geholfen. Nach einigen Jahren stellen die Entwicklungshelfer dann fest, daß das Spital nicht funktioniert, die Schreinerwerkstatt wieder in einen Hühnerstall umfunktioniert wurde, die Brunnen wieder verschlammt und unbenutzbar sind, die Ärmsten der Armen sich sofort eine Unterschicht von noch Ärmeren schufen, kaum waren sie nicht mehr die Ärmsten, und so fort. Damit soll nicht gesagt sein, daß materielle Hilfe nie angezeigt ist, sondern daß sie oft einseitig ist. Auch hier kommt der Unterschied zwischen westlichem materialistischem Denken und buddhistischem Denken gut zum Vorschein. Der buddhistische Osten steht dieser Art materieller Hilfe eher skeptisch gegenüber und spricht von »aggressivem Materialismus« des Westens, verbunden mit unklaren oder unsauberen Motivationen, worüber in anderem Zusammenhang noch die Rede sein wird.

Jedes materialistische Weltbild ist eine Verzerrung bzw. Verkennung der Wirklichkeit, da geistig-kreative Impulse und Prozesse entweder als zweitrangig gelten oder sogar ganz in Abrede gestellt werden wie etwa in der Psychologie des Behaviorismus. Damit wird das materialistische Weltbild zur Ideologie, d. h. zur Verleugnung der (nicht genehmen oder angst machenden) Wirklichkeit und zum Festhalten an einer Idee, die wirklichkeitsfremd ist. Eine Ideologie ist eine Idee, die sich selbständig gemacht hat, d. h. nicht mehr der Überprüfung durch die Wirklichkeit unterworfen ist und sich von der Wirklichkeit entfernt hat. Das Mißachten der Wirklichkeit erzeugt Sachzwänge (»man muß«) und damit eine Eigendynamik (man muß immer mehr und dann erst recht). Das sich daraus entwickelnde System dient nicht mehr dem Menschen, sondern der Mensch dem System. Es ist ein von Menschen geschaffenes System, das außerhalb der Kontrolle der Menschen geraten ist und der Selbstvernichtung zusteuert. Aus diesem Grund sind Ideologien gefährlich. Damit niemand auf andere Ideen kommen kann und so die Ideologie gefährden könnte, sind Ideologien auch immer sehr intolerant, d. h., es werden keine Andersdenkenden geduldet.

9.
Der Buddhismus und die Stellung der Frau

Die Frage der Stellung der Frau wurde bereits in einem früheren Zusammenhang gestreift. Wenn es um universelle Gesetzmäßigkeiten geht, ist es absurd, nach der Stellung der Frau (oder des Mannes) zu fragen. Aber da unter Buddhismus ja immer auch Kulturgut verstanden wird, muß der Frage nachgegangen werden.

Die frühesten buddhistischen Texte wurden – wie bereits erwähnt – erst zweihundert und mehr Jahre nach Buddhas Tod aufgeschrieben, und natürlich, der damaligen Zeit entsprechend, von Männern. In Indien waren zu jener Zeit die Frauen kaum geachteter als heute. Mit anderen Worten, Frauen wurden sehr gering geachtet, und die Männer, welche die alten Texte aufschrieben, brachten dies auch zum Ausdruck. Entsprechend findet man Stellen, welche die Frau als charakterlich minderwertig oder schwächer beschreiben. Also alles wie gehabt, und wenn dies Buddhas Gedankengut ist, dann braucht man sich wirklich kaum ernsthaft damit auseinanderzusetzen.

Nun ist es aber so, daß diese frauenfeindlichen Stellen überhaupt nicht zur buddhistischen Lehre passen. Die buddhistische Lehre und das buddhistische Weltbild betreffen die Existenz an sich, die Evolution des Bewußtseins, ohne zwischen männlich und weiblich zu unterscheiden. Nicht nur das, diese Grundlehre hat Gültigkeit für alle Lebewesen, in beschränktem Maße selbst für sogenannte tote Materie. Deshalb werden solche und andere absonderliche Textstellen im Buddhismus mit Skepsis aufgenommen. Wie bereits erwähnt, gilt auch in alten Schriften durchaus nicht einfach alles als wahr und heilig. Diese den Prinzipien der Lehre widersprechenden Stellen haben sich denn in buddhistischen Ländern auch nie durchgesetzt, und die Frauen sind im Vergleich selbst zu westlichen Ländern immer sehr unabhängig und frei gewesen.

Im Gegensatz dazu scheint sich das westliche Abendland geradezu auf solche Stellen zu stürzen. Vielleicht weil man nur das finden kann, wovon man selbst eine Vorstellung hat, was einem selbst vertraut ist? Oder weil Mann Freude hat, in der Fremde auf heimatliche Ideen zu stoßen, die ihn in den eigenen Traditionen bestärken und somit das schlechte Gewissen besänftigen? Vor allem dienen diese Stellen dann auch dazu, sich nicht weiter mit Buddhismus befassen zu müssen und damit zu verhindern, sich mit Erkenntnissen auseinanderzusetzen, die den eigenen patriarchalen Vorstellungen abträglich wären.

Wenn man auf der anderen Seite die Stellen betrachtet, wo Begegnungen Buddhas mit Frauen geschildert werden, so stellt man fest, daß er sie als den Männern ebenbürtig und mündig betrachtete. Seine Reden hat er an Männer und Frauen gerichtet, und er hat immer die Unabhängigkeit der Frauen und Menschen allgemein gepredigt. Nach Buddha liegt für Frauen das Heil nicht im Dienen, Kindergebären oder sonstwie züchtigem Verhalten, sondern genauso wie für Männer in der Entfaltung ihrer eigenen geistigen Fähigkeiten. Er war der erste, der einen Nonnenorden erlaubte, eine für die damalige Zeit geradezu revolutionäre Sache. Es befanden sich denn auch unter seinen Zuhörern bemerkenswert viele Frauen, und bereits zu seinen Lebzeiten gab es bedeutende Verkünderinnen und Verbreiterinnen der Lehre, sowohl weltliche als auch dem Nonnenorden zugehörige.

Zum Verhältnis der Geschlechter jener Zeit seien aber doch noch einige Anmerkungen hinzugefügt. Aus vielen Texten geht hervor, daß Buddha und seine Anhänger auf Widerstand einer frauenfeindlichen Gesellschaft stießen. Auch die Neider waren ein Problem. Mit nichts kann man eine männliche öffentliche Figur so sehr in Mißkredit bringen wie mit Frauengeschichten, und das gilt wohl auch heute noch. Sobald Frauen ins Spiel kommen, kann die Phantasie der Männer in einer patriarchalen Welt ungeahnte Ausmaße annehmen. Konkret hieß das, daß Übelwollende und Moralonkel nur darauf lauerten, irgendwelche rufschädigenden, unmoralischen Zweideutigkeiten über Buddha und seine Anhänger in Umlauf setzen zu können. Der Mönchsorden als Puff, das wäre eine Sensation gewesen. Deshalb konnte Buddha keine Frauen in den Mönchsorden aufnehmen. Es gab ja auf den langen Wanderungen, auf denen Buddha lehrte, keine Hotels mit Einzelzimmern und getrennten Duschen und WCs, sondern man übernachtete draußen und später zum Teil in Hütten.

Die Überlieferungen erzählen, daß sogar einmal eine Frau auf Anstiftung neidischer Bettelmönche eine Schwangerschaft simulierte und dann Buddha als Vater ihres vorgeblich erwarteten Kindes bezeichnete. Ein anderes Mal veranlaßten Bettelmönche eine Frau, sich wie eine heimliche Geliebte in der Nähe des Meisters herumzutreiben, und ermordeten sie dann, um den Buddha-Orden tatverdächtig zu machen.

Ähnliche Schwierigkeiten hatte bekanntlich auch Jesus, er durfte sich kaum von einer »Sünderin« die Füße salben lassen (Luk. 7/36). Aber nicht nur Religionsstifter, auch andere öffentliche Figuren haben zu allen Zeiten und Orten immer wieder dazu herhalten müssen, die Sensationslust der Massen zu stillen, wobei das Sexualleben am interessantesten zu sein scheint. Man vergleiche nur die Berichte der zeitgenössischen Presse über amerikanische Präsidentschaftskandidaten oder Mitglieder des britischen Königshauses. In Amerika ist es geradezu ein nationaler Mediensport geworden, bei Präsidentschaftskandidaten nach Makel im Privatleben zu suchen und dann über sie herzufallen nach der Manier einer Hexenjagd.

II.
WIEDERGEBURT UND KARMA

Wiedergeburt und Karma sind Begriffe, die im Indien der damaligen Zeit allgemeines Gedankengut waren und also nicht zunächst plausibel gemacht oder erklärt werden mußten. Buddha baute auf diesem Gedankengut auf und fügte eigene Vorstellungen zu diesen Themen bei. Für westliche Menschen mögen folgende Überlegungen für das Verständnis nützlich sein.

1.
Die Wiedergeburt

Wiedergeburt oder Reinkarnation bedeutet, daß der Mensch erstens mehr als ein sterblicher Körper ist – was einer nicht-materialistischen Grundauffassung des Menschen entspricht – und zweitens, daß dieses Mehr, das wir hier einmal Energie nennen wollen, immer wieder einen Körper aufsucht. Heute erscheint uns die Idee der Wiedergeburt längst nicht mehr so exotisch wie etwa vor zwanzig Jahren, als man damit bestenfalls auf unverständiges Staunen stieß, meist aber auf spöttisches Gelächter. Ähnlich fremd wie früher die Wiedergeburt bei uns wirkt in Asien die Idee einer Einmalgeburt. Eine Gruppe Japaner, der ich erklärte, daß die Europäer nur einmal auf die Welt kämen, war zuerst verblüfft und konnte es nicht glauben. Als ich dann aber darauf bestand, stießen sie sich gegenseitig mit den Ellbogen an und lächelten sich vielsagend zu, so als wollten sie sagen: »Ist ja unglaublich, daß die so naiv sind.«

Heute wird uns die Vorstellung des Wiedergeborenwerdens von einer anderen Richtung ebenfalls erleichtert: Seit die Themen Umweltschutz und Ökologie in unserer Gesellschaft Eingang gefunden haben und in diesem Zusammenhang der Begriff Recycling aufkam, wurde auch das Verständnis dafür geweckt, daß die Natur aus Kreisläufen besteht und nicht aus einer Einbahnstraße. Wenn es also Recycling in der Welt der Materie gibt, wieso nicht auch ein Seelen-Recycling?

Die traditionelle westliche Welt beruft sich mit ihrem Glauben an die Einmalgeburt auf die Wissenschaft, ohne daß sie diese jedoch beweisen könnte. Ein oft gehörtes Kriterium für unsere Sicht der Dinge ist das des Sich-Erinnerns. Die Tatsache, daß man sich nicht an etwas erinnern kann, gilt als gewichtiges Argument, daß es sich nicht zugetragen haben könne. Dabei vergißt man, daß man sich an die eigene Geburt auch nicht erinnern kann, und die wenigsten Menschen können sich an ihr eigenes Säuglingsalter oder ihre frühe Kindheit erinnern. Am wenigsten kann man sich an Traumata erinnern, sogar wenn diese in der späten Kindheit geschehen sind; die moderne Psychotherapie zeigt dies deutlich.

Viele psychotherapeutische Schulen haben diverse Methoden entwickelt, um Erfahrungen aus früheren Leben ins Bewußtsein zu bringen. Ob diese Erfahrungen tatsächlich aus früheren Leben stammen oder bloß sogenannte Hirngespinste sind, ist für die psychotherapeutische Arbeit an sich irrelevant, da es hier ja nur um die Heilwirkung geht. Solange gute Resultate erzielt werden und die Menschen sich nach dem nochmaligen bewußten Durchleben solcher Erlebnisse befreit, besser und gesünder fühlen, ist die Frage ihrer Herkunft zweitrangig. Der Buddhismus hat im übrigen eine ähnlich pragmatische Haltung: Es geht um die Heilwirkung, das Wohlbefinden des Menschen, nicht um eine Doktrin.

Im Osten wird die Wiedergeburt allerdings als durchaus erfahrbar betrachtet, wenn auch nicht für jedermann jederzeit in seinem alltäglichen Bewußtseinszustand, sondern nur durch gewisse bewußtseinserweiternde Techniken meditativer Art, ein tiefes In-sich-hinein-Spüren und -Versenken, wie es in vielen westlichen meditativen und psychotherapeutischen Praktiken auch Eingang gefunden hat. So kann jemand sich an etwas erinnern mit dem gleichen Gefühl von Wissen und Spüren, daß es wirklich seine eigene Erfahrung war, wie er weiß, daß er gestern im Kino war oder letztes Jahr auf einer Reise nach Amerika. Bei meinen Erlebnissen im jetzigen Leben kommt es auch niemandem in den Sinn, sie mir streitig zu machen und etwa zu behaupten, ein anderer sei in Amerika gewesen, nicht ich selbst, und ich hätte mich getäuscht.

Auch die klassische Psychologie macht gewisse Annäherungen an den Wiedergeburtsgedanken. Nachdem sie herausgefunden hatte, daß die Kindheit entscheidend und prägend wirkt für das gesamte spätere

Leben, konzentrierte sie sich immer mehr auf die frühe Kindheit und ging schließlich noch einen Schritt weiter, zum vorgeburtlichen Stadium im Mutterleib. Von hier aus wird dann zum Teil noch ein weiterer Schritt zurück zum Körper hinaus gemacht. Dieser Schritt stellt allerdings traditionelle materialistische wissenschaftliche Glaubenssätze auf den Kopf. Verschiedene verwandte Forschungszweige wagen sich trotzdem auf tabuisiertes Gelände vor, z. B. die Sterbeforschung, angefangen mit ihrer Pionierin Elisabeth Kübler-Ross, und die Bewußtseinsforschung und transpersonale Psychologie mit Stanislav Grof, Ken Wilber, Charles T. Tart und vielen anderen.

Der Vollständigkeit halber sei noch hinzugefügt, daß die Vorstellung der Wiedergeburt auch außerhalb von Asien auf der ganzen Welt und zu allen Zeiten bestanden hat, entweder explizit als philosophisches oder religiöses System oder implizit als volkstümliche Grundannahme der menschlichen Existenz, was sich dann in verschiedenen kulturellen Eigenheiten und Bräuchen äußerte. Als Beispiele seien genannt das Alte Griechenland, die Kelten, die indianischen Völker Amerikas und die meisten Stämme Afrikas und Asiens. Ebenso ist diese Vorstellung bei den Mystikern aller Religionen vorhanden, auch wenn die jeweiligen Religionen diese leugnen, wie das Christentum, das Judentum und der Islam. Der Glaube der frühen Christen an die Wiedergeburt wurde an den verschiedenen Konzilen sukzessiv abgeschafft und aus den Schriften entfernt, angefangen beim Konzil in Nicäa im Jahre 325 bis zum Zweiten Konzil von Konstantinopel (das fünfte Konzil insgesamt).

Aber auch unserem heutigen Kulturgut sind diese Vorstellungen nicht völlig fremd, kommen sie doch besonders in der Literatur häufig vor, nur werden sie eigenartigerweise oft nicht zur Kenntnis genommen.

Des Menschen Seele
Gleicht dem Wasser:
Vom Himmel kommt es,
Zum Himmel steigt es,
Und wieder nieder
Zur Erde muß es,
Ewig wechselnd...

(J. W. v. Goethe, aus: »Gesang der Geister über dem Wasser«, 1779)[1]

Die Idee des Wiedergeborenwerdens wirkt sich auf verschiedene weitere Haltungen und Meinungen im Leben aus. Dazu gehört zum Beispiel die Frage der Persönlichkeit des Babys. Eigentlich weiß jede Mutter, daß jedes Baby wieder anders ist, daß es also bereits eine kleine Persönlichkeit ist, wenn es auf die Welt kommt. Dieses urmenschliche Wissen wird ihr aber von der Wissenschaft streitig gemacht. Die extremste Haltung dabei nimmt der Behaviorismus ein, dessen Begründer, der amerikanische Psychologe B. F. Skinner, behauptete, daß ein Baby wie ein unbeschriebenes weißes Blatt zur Welt komme, als eine Art neutrale weiße Platte, die dann durch das Milieu, durch sogenannte Konditionierung geprägt werde. Seine Theorien galten und gelten immer noch als durchaus wissenschaftlich, das heißt also als wahr. Viele Soziologen und Milieutheoretiker wurden zu seinen Anhängern. Aber wehe, wenn ein Baby – wenn möglich gar das Baby eines Soziologen – im Krankenhaus verwechselt wird, dann ist es plötzlich nicht mehr egal, welches man nach Hause trägt – also doch kein austauschbares unbeschriebenes Blatt! Wenn der Mensch hingegen immer wieder auf die Welt kommt, ist er ja bereits »jemand« vor seiner Geburt, er bringt eine Individualität oder Eigenart mit.

Es ist klar, daß ein solcher extremer Standpunkt wie der des Behaviorismus die Verfechter der Vererbungslehre, die Biologen also, herausfordern mußte. Der Streit zwischen den Vertretern des Milieus und denen der Vererbung schwelte lange in der Wissenschaft und wurde lange Zeit im Stil des Entweder-Oder ausgetragen. Sind wir nun ausschließlich durch unser Milieu oder durch unsere Erbanlagen geprägt? Aus der Sicht eines größeren Lebenszusammenhanges als nur dem eines einmaligen Lebens wird diese Streitfrage jedoch hinfällig, wie ich im folgenden darlegen möchte. Mein Milieu wirkt auf mich ein, es kann mich sogar körperlich krank machen. Viele physische und psychische Streßfaktoren können verschiedene Organe beeinträchtigen und schädigen, d. h., sie wirken schlußendlich auf die Zellstruktur ein. Von da ist es ein kleiner Schritt bis zur Veränderung der Erbsubstanz der Zellen. Auf der Vorstellung der vererbten Anpassung an das Milieu beruht ja die ganze Darwinsche Evolutionslehre. Tiergattungen und auch die Gattung Mensch passen sich im Laufe von Generationen an bestimmte Lebensbedingungen an. Wenn man sich in der Generationskette nun nicht nur einmal-lebende, sondern wiederkehrende Lebewesen vorstellt, so erben die Lebewesen ihre eigene frühere Angepaßtheit. Oder, anders gesagt, zwischen Vererbung und Milieu besteht dann kein grundsätzlicher Unterschied mehr, sondern die Erbanlagen eines Menschen sind milieubedingt aus seinen früheren Existenzen, also aus seiner Anpassung an oder Reaktion auf alle seine früheren Milieus. Was bei der ganzen Streitfrage sowieso außer acht gelassen wurde, ist jedoch eine entscheidende Frage: Wann und warum ein Lebewesen reagiert und warum auf die eine und nicht auf die andere Weise, die Frage der schöpferischen Intelligenz und des freien Willens also. Diese Frage hat in einem rein materialistischen, mechanistischen Weltbild eben keinen Platz.

Ein weiterer Unterschied in den Vorstellungen der westlichen und östlichen Menschen im Zusammenhang mit Kindern fällt mir auf. Die Unschuld von Kindern wird bei uns stark betont, und bei Kriegsberichterstattungen werden mit Vorliebe Bilder von unschuldig leidenden Kindern gezeigt, oder es wird berichtet, daß unschuldige Kinder unter dem Krieg leiden müssen. Das Wort »Kind« kommt nicht vor ohne das Wort »unschuldig«. Die Erwachsenen – und oft sehr junge Erwachsene – machen zwar den Krieg, kamen aber alle auch einmal als Babys zur Welt, waren also alle auch einmal unschuldig. Offenbar haben sie sich im Laufe ihres einzigen kurzen Lebens so viel Schuld aufgeladen, daß sie jetzt Krieg führen und nicht mehr unschuldig sind. In buddhistischen Ländern macht man nicht diesen grundsätzlichen Unterschied zwischen unschuldigen Kindern und schuldigen Erwachsenen. Das Baby ist vielleicht als sein eigener Enkel wieder zur Welt gekommen und hat in einem früheren Leben als Erwachsener mitgeholfen, diesen Krieg zu schüren. Und dem jetzigen Erwachsenen ist als Kind vielleicht so viel Grausamkeit widerfahren, daß er seelisch geschädigt ist und gar nicht merkt, was er mit seinem Krieg anrichtet. Schuld wäre also nicht so sehr eine Frage des Alters, wenn ein Buddhist überhaupt von Schuld reden würde, und hier kommen wir zu einem anderen grundsätzlichen Punkt: Es gibt im Buddhismus keinen Schuldbegriff in unserem Sinn. Es gibt nur Unwissenheit und daraus resultierende karmische Verstrickungen. Solche zu verursachen, etwa, indem man einem hilf- und wehrlosen Kind Schaden zufügt, ist unheilvoll. Die volle Verantwortung für sein Handeln trägt jeder einzelne.

2.
Das Karma

Karma ist ein Sanskrit-Wort, das in seiner ursprünglichen Bedeutung »Tat«, »Wirken« heißt. Das entsprechende Wort in der Pali-Sprache der alten buddhistischen Schriften ist *Kamma*.

Karma entspricht dem Prinzip von Ursache und Wirkung, wie wir es als Grundlage der klassischen Physik und der Naturwissenschaften allgemein kennen. Das westliche Denken kennt dieses Prinzip jedoch nur im materiellen, naturwissenschaftlichen Bereich, während es im Osten auch im schicksalsmäßigen Bereich für den Menschen gilt, auch auf der nicht-materiellen Ebene des Denkens und Fühlens: Alles, was ich in die Welt setze, ob Gedanken, Emotionen oder Taten, ist mein Wirken und fällt irgendwann einmal wieder auf mich zurück. Gedanken und Emotionen können irgendwann eine materielle Wirkung zeitigen, sie sind die Vorstufe zur Tat. Die Wirkung kann aber auch im geistigen oder emotionalen Bereich bleiben und dort spürbar sein. Die Lebensqualität eines Menschen hängt ja nicht nur von den materiellen Umständen ab, sondern eben auch und vor allem von seinem Geistes- und Gemütszustand.

Wir kennen in unserem Volksgut auch Sprichwörter, die diese und ähnliche Ideen ausdrücken, z. B. »Jeder ist seines Glückes Schmied« oder »Was du nicht willst, das man dir tut, das füg auch keinem andern zu«. In diesem Sinne ist das Universum gerecht, es sind keine List und keine Schliche möglich, um den Folgen dessen zu entgehen, was man selber verursacht hat. Die Suppe, die man sich eingebrockt hat, muß man auch selbst wieder auslöffeln. Wenn das nicht so wäre, würde man um den Lerneffekt gebracht, und die ganze Sache wäre nutzlos gewesen. Es gibt im Buddhismus keinen Gott, der einen bestraft oder richtet, sondern das eigene Tun holt einen selbst ein, man bestraft sich also selbst. Im Westen trägt die heutige ökologische Situation viel zum Verständnis des Karma-Prinzips bei: Die Zeiten scheinen auch im Westen vorbei zu sein, da man das Gefühl hatte, Gott bestrafe die Menschheit mit Ozonloch oder Dürrekatastrophen.

Karma und Wiedergeburt gehören zusammen, sie bedingen sich gegenseitig, denn eines ist ohne das andere nicht möglich. Die Zeitspanne eines einzigen Lebens reicht nicht aus, um das Prinzip der Gerechtigkeit sichtbar zu machen. Das Leben ist ungerecht, das sieht jedes Kind. Schon bei der Geburt hat man ungleiche Startchancen, und dann haben noch die einen Menschen Glück, die anderen Pech im Leben. »Lieber reich, schön und gesund als arm, häßlich und krank«, pflegten wir im Freundeskreis bestehende Redeweisen abzuändern. Manchmal kann man tatsächlich mitverfolgen, wie etwas auf jemanden oder einen selbst zurückfällt, manchmal aber auch nicht; die Kreisläufe übersteigen dann eine einzige Lebensspanne, und man braucht mehr als ein Leben, um sich vorstellen zu können, daß der Kreislauf sich schließen könnte. Aber Recycling findet auf jeden Fall statt, der Kreis schließt sich wieder, es ist ein Naturgesetz.

Auch in der Natur sind die einen Kreisläufe kurz, und die Wirkung einer Ursache ist sofort ersichtlich, während andere über lange Zeiträume andauern. Wenn man Gift in einen Trinkbecher mischt, wird der Trinkende bald Reaktionen zeigen. Leitet man hingegen Gift in große Gewässer, werden die Folgen erst für spätere Generationen spürbar bzw. für einen selbst in einem späteren Leben.

Der Begriff des Karmas hat gewisse Implikationen, gegen die man sich im Westen lange sträubte. So zum Beispiel würde das heißen, daß Krankheiten etwas mit einem selbst zu tun haben, also einem nicht blindwütig und zufällig angeworfen werden oder aus Gottes unerforschlichem Rate stammen. Unterdessen gibt es bereits viele Bücher zu diesem Thema. Seit in der westlichen Psychologie der Begriff des Unbewußten geprägt wurde, sind uns solche Vorstellungen leichter verständlich. Wir nehmen zur Kenntnis, daß viele unserer Regungen unbewußt sind, daß wir oft eigentlich »nicht wissen, was wir tun«. Auch decken viele Arten der modernen Psychotherapie unbewußte Mechanismen der menschlichen Psyche auf, so daß die Abwehr der westlichen Welt gegen solche Vorstellungen stark abgenommen hat.

Flucht in die Krankheit zum Beispiel ist durchaus vorstellbar, auch Flucht in einen Unfall, und zwar ohne daß der Betreffende deshalb moralisch irgendwie unzulänglich wäre. Die (subjektive) Wirklichkeit ist manchmal schlicht und einfach grausam, da kann Krankheit ein Fluchtmechanismus sein wie Sucht oder irgend etwas anderes. Das bekannteste Beispiel ist wohl das Kind, das zuwenig Zuwendung und Aufmerksamkeit bekommt und weiß, daß ihm diese in einem Krankheitsfalle eher gegeben werden. In einer unerbittlichen materiellen Leistungsgesellschaft können aber auch Lebensunterhalt und Wohnen zu einem Problem werden, und in der nackten Existenzangst kann totale Verweigerung als einziger Ausweg gesehen werden. Daß es Selbstmord aus materiellen Gründen gibt, zum Beispiel bei Schulden, ist bekannt. Eine andere Möglichkeit der Verweigerung ist Krankheit oder irgendeine andere Art der Arbeitsunfähigkeit: Man muß dann nicht mehr für sich selber sorgen, und je schlechter es einem geht, desto eher fängt einen das Netz der sozialen Wohlfahrt auf – sofern ein solches funktioniert. Vielleicht landet man in einem Heim, so daß man nicht mehr für seinen eigenen Lebensunterhalt sorgen muß und nicht mehr von der Gesellschaft bestraft werden kann, wenn man zuwenig leistet.

Das Prinzip des Karmas ist wohl heute auch für viele Menschen im Westen verständlich und plausibel. Die Einsicht in diese Gesetzmäßigkeit kann jedoch in verschiedenen kulturellen Räumen zu völlig verschiedenen Lebenseinstellungen und Haltungen führen. In Indien zum Beispiel findet man häufig eine Apathie gegenüber diesen ewigen Lebensgesetzen. Wenn es jemandem schlecht geht oder er einen schlechten sozialen Status hat, dann hat er sich das ja wohl früher selbst einmal eingebrockt und muß es jetzt durchleiden. Wozu soll er sich da anstrengen, und wozu soll man ihm helfen, es nimmt sowieso alles seinen eigengesetzlichen Lauf. Das Schicksal wird ergeben auf sich genommen, und es wird auf bessere Zeiten gewartet.

In traditionell buddhistischen Ländern wie Thailand oder Burma, wo der Buddhismus lehrt, wie man aus diesen karmischen oder schicksalsmäßigen Verstrickungen herauskommen kann, liegt der Schwerpunkt eher darauf, möglichst keine karmisch schlechten Taten mehr zu verüben, sondern sich so zu verhalten, daß positive Auswirkungen zu erwarten sind und alte Schulden abgetragen werden. Daher ist man sehr zurückhaltend im Urteilen, Verurteilen, Bestrafen oder Hinabsehen auf andere Menschen. Es wird vermieden, die eigene höhere Stellung dazu zu benutzen, um tiefer gestellte Menschen zu schikanieren oder irgendwie auszunützen. Schließlich könnte der Betreffende mein eigener, wieder inkarnierter Großvater sein oder mein verstorbenes Kind. Oder man mußte schon selbst solche Lebenserfahrungen machen und weiß deshalb, wie es ist; oder man wird vielleicht noch durch solche Erfahrungen hindurch müssen. Das Mitgefühl für Menschen in allen möglichen Lebenslagen steht hier mehr im Vordergrund. Auch ist es nicht an mir, jemanden zu bestrafen, denn das Karma wirkt ja naturgesetzlich von allein, und somit bekommt jeder seine Strafe schon irgendwie. Da hat es keinen Sinn, daß ich mich einmische und mir damit noch selber schlechtes Karma auflade.

Im westlichen Denken gibt es Probleme, wenn der Begriff des Karmas mit demjenigen von Schuld-zuweisen und Sünde vermengt wird: Wer krank wird, ist selber »schuld«, heißt es dann von radikalen Verfechtern der Karma-Lehre. Keinen Schnupfen kann man mehr haben, ohne daß die esoterische Freundin mit einem wissenden Lächeln ein psychologisches Fehlverhalten dahinter sieht. Schuld zuweisen ist das gleiche wie verurteilen, und im Buddhismus hat man weniger die Tendenz, moralisch zu verurteilen. Den Begriff der Schuld gibt es im Buddhismus gar nicht. Jeder macht im Leben immer wieder Fehler, und daraus lernt man. Aus Schaden wird man klug, da braucht man keine zusätzliche Verurteilung von außen. Schädliches Verhalten oder das, was wir im Westen Schuld nennen, wird im Buddhismus auf Unwissenheit zurückgeführt, wovon später noch ausführlich die Rede sein wird. Normalerweise verurteilt man bei uns auch kein Kind, nur weil es etwas noch nicht weiß und Fehler macht. Und auch als Erwachsener kann man nicht alles wissen. Man mag gewisse Dinge wissen, die ein anderer noch nicht weiß, und umgekehrt. Zudem mögen für jemand anders andere Erfahrungen sinnvoll sein als für einen selbst. Jeder kann nur seinen eigenen Weg gehen, die grundsätzliche Toleranz des Buddhismus ist hier wieder spürbar. Kein Mensch steht über sämtlichen Unzulänglichkeiten, die das Leben bieten kann, sonst wäre er wohl nicht hier.

Der alte indische Begriff des Karma ist im Prinzip derselbe wie der buddhistische, nur geht es im Buddhismus – wie auch in gewissen indischen Philosophien – darum, das Karma zu überwinden. Das heißt mit anderen Worten, daß man die Ebene, auf der Ursache und Wirkung als Prinzip herrschen, verlassen kann, und zwar bewußtseinsmäßig, geistig, was dann eben auch Wirkungen auf die materielle Ebene hat. Dies mag nun sehr theoretisch und unverständlich klingen. Interessanterweise kommt uns aber da von der wissenschaftlichen Seite die neue Physik zu Hilfe, die entdeckt hat, daß das Newtonsche Prinzip von Ursache und Wirkung auch nur einen begrenzten Gültigkeitsbereich hat, nämlich für den Bereich der Materie, der Atome und Moleküle. Sobald man jedoch auf der einen oder anderen Seite über den Bereich der Materie hinausgeht, hat das kausale Prinzip von Ursache und Wirkung keine Gültigkeit mehr. Dies ist sowohl im subatomaren Bereich der kleinsten Teilchen der Fall als auch im astrophysischen Bereich des Kosmos. Der Makrokosmos und der Mikrokosmos gleichen sich: In einem Atom finden sich Spiralnebel-Strukturen wie im Kosmos.

Der westliche Mensch, der im allgemeinen wissenschaftsgläubig ist, tendiert dazu, alles, was die Wissenschaft sagt, zu glauben bzw. alles, was die Wissenschaft noch nicht herausgefunden hat, nicht zu glauben. Da nun die Wissenschaft das gleiche herausgefunden hat wie Buddha, nämlich, daß es Bereiche gibt, in denen die Kausalität (Ursache und Wirkung) keine Gültigkeit hat, gibt das dem westlichen intellektuellen Menschen einen Zugang zum buddhistischen Gedankengut. Buddha ist jedoch nicht auf intellektuelle Weise zu dieser Erkenntnis gelangt, sondern auf intuitive, meditative. Offensichtlich können die Begebenheiten unserer Welt von verschiedenen Seiten angegangen werden.

Die Möglichkeit, die Ebene des Karma zu verlassen oder zu überwinden und bewußtseinsmäßig neue Räume oder Dimensionen zu erfahren, bedeutet für den Buddhisten, daß er aus dem ewigen Kreislauf des Geborenwerdens und wieder Sterbens hinaustreten kann. Es heißt für ihn auch, daß er innerhalb seines jetzigen Lebens die Möglichkeit hat, sich von möglichst vielen karmisch bedingten Situationen und Erfahrungen zu befreien und zu verhindern, daß solche von neuem geschaffen werden. Der Weg des Buddhismus ist ein Weg der Befreiung, und zwar Befreiung in jeder Beziehung. Buddha erklärte: »Gleich wie das große Meer nur einen Geschmack hat, den Geschmack des Salzes, so haben diese Lehre und Gebote nur einen einzigen Geschmack, den Geschmack der Befreiung.«[2]

Nicht nur die Physik, sondern auch andere Forschungsgebiete nähern sich in neuerer Zeit der buddhistischen Sichtweise. Viele neue Methoden der Selbsterfahrung, meditative Praktiken und Ergebnisse der Bewußtseinsforschung weisen in dieselbe Richtung wie schon Buddha und die Mystiker aller Zeiten. Es ist möglich, mit verschiedenen Methoden und Übungen bewußtseinsmäßig die räumliche und zeitliche Begrenzung aufzuheben, aus Zeit und Raum hinauszugehen und das Bewußtsein in andere Dimensionen auszuweiten. Daß dies meist eine jahrelange Praxis erfordert, ist kein Argument gegen eine solche Möglichkeit. Auch ein Physiker braucht ein jahrelanges Studium, bis es ihm möglich wird, gewisse physikalische Gesetzmäßigkeiten mathematisch selbst nachzuvollziehen. Dazu kommt noch, daß dies wohl der Mehrzahl der Menschen auch nach jahrelangem Studium nicht gelingen würde. Auf der anderen Seite ist das bewußtseinsmäßige Erleben solcher Dimensionen zu verschiedenen Zeiten der Menschheitsgeschichte und in verschiedenen kulturellen Räumen immer wieder praktiziert worden. Viele Völker, etwa die alten Griechen, die alten Ägypter, die Arier, die Kelten, die Völker Sibiriens und die Indianer benutzten dazu heilige Pflanzen, die bewußtseinserweiternde Substanzen enthielten.[3] In einem solchen Bewußtseinszustand ist Heilung möglich bzw. man kann andere heilen. Hier berühren sich die völlig verschiedenen Welten der Heiler und Mystiker einerseits und der Mathematiker und Physiker andererseits, die auch von weiteren berechenbaren Dimensionen außerhalb von Zeit und Raum sprechen.

Wir leben bekanntlich in einem dreidimensionalen Raum und haben dazu einen weiteren unabhängigen Faktor, die Zeit. Wenn man also zum Beispiel jemanden in der Stadt treffen will, dann muß man einmal den Ort angeben, also zum Beispiel im Café Sowieso an der und der Straße, was den Flächenkoordinaten beziehungsweise der geographischen Länge und Breite entspricht. Weiter braucht man die dritte Raumkoordinate der Höhe, denn vielleicht hat das Café mehr als ein Stockwerk. Nun muß aber noch eine Zeitangabe hinzukommen, denn ohne diese könnte man unter Umständen lange, wenn nicht vergebens auf seinen Freund warten.

Seit Einstein weiß man nun aber, daß Raum und Zeit nicht unabhängig voneinander sind, sondern ein zusammenhängendes Gebilde, die sogenannte Raumzeit, bilden. Die Zeit bildet also eine vierte Dimension zu den drei Dimensionen des Raumes. Sie ist jedoch eine immaterielle Dimension in dem Sinne, daß man in ihr keine Gegenstände plazieren kann wie im Raum. Dies scheint für die Vorstellungskraft eines Menschen mit einem materiellen Weltbild das schwierigste Hindernis zu sein im Verständnis von höheren Dimensionen. Physiker haben bereits bis zu 26 Dimensionen errechnet, ohne jedoch zu wissen, ob diese tatsächlich existieren. Mystiker würden von Dimensionen des Geistes sprechen, Bewußtseinsforscher von erweiterten Bewußtseinszuständen.

Zurück nun zu Buddha und den Mystikern. Sie konnten zwar keine höhere Dimension *errechnen*, aber sie konnten sie direkt in veränderten Bewußtseinszuständen, z. B. während tiefer Meditation, *erfahren*. Sie haben aber die gleichen Schwierigkeiten wie die Physiker, wenn sie ihre Erfahrungen in Worten mitteilen wollen. Es geht ihnen wie der Schildkröte, die kein dem Fisch geläufiges Wort hat, um das Wesen des festen Landes zu bezeichnen. So erzählte einst eine Schildkröte ihrem

Freund, dem Fisch, daß sie gerade von einem Spaziergang an Land zum See zurückgekehrt sei. »Natürlich«, antwortete der Fisch, »meinst du von einem Schwimm-Ausflug.« Die Schildkröte versuchte zu erklären, daß man an Land nicht schwimmen könne, weil es fest sei, sondern daß man darauf spazierengehe. Aber der Fisch bestand darauf, daß es nichts Derartiges geben könne, daß das Land flüssig sein müsse wie sein wogender See und daß man darin tauchen und schwimmen könne.

Im religiösen Bereich entspricht das Heraustreten aus den karmischen Bedingungen dem christlichen Begriff der Gnade. Man kommt in einen Bereich, der jenseits einer (vielleicht verdienten) Strafe ist.

Einen weiteren, oft diskutierten Punkt gilt es zu beachten: Da das Karma unerbittlich gerecht wie ein Naturgesetz wirkt, heißt das z. B., daß man sich die Finger an einer heißen Kochplatte verbrennt, unabhängig davon, ob dies absichtlich oder unabsichtlich geschieht oder ob man wußte, daß die Kochplatte heiß ist oder nicht. Unwissenheit, Dummheit oder Unachtsamkeit bewahren einen also nicht vor den Folgen einer Handlung. Außer dem rein materiellen Schaden kann ein Geschehen aber auch noch andere Auswirkungen haben, wie Wut, Trauer, Angst, Rachegefühle etc., und damit weitere Handlungen bewirken. Wenn ein Mensch jemandem aus Unachtsamkeit schadet und dies ihm nachher leid tut, mag dies für den Geschädigten rein gefühlsmäßig weniger schlimm sein, als wenn böse Absicht dahintersteckte, auch wenn der Schaden gleich groß ist. Vielleicht hilft der Verursacher sogar beim Wiedergutmachen und trägt damit sozusagen sein Karma ab. Wenn die Sache hingegen mit Absicht geschehen ist, ist das nicht nur für den Geschädigten schlimmer, sondern auch für den Täter selbst, denn er vergiftet mit seinen schlechten Gedanken seinen eigenen Geist, was wiederum reale Auswirkungen in seinem eigenen Leben zur Folge hat. Wenn keine Einsicht vorhanden ist, muß das Schicksal korrigierend eingreifen, und das Schicksal ist dann nichts anderes als unbewußt vorprogrammiertes Geschehen, naturgesetzliches Karma.

Im Buddhismus gibt es den Begriff des »absichtslosen Handelns«. Das heißt, mit je weniger Hintergedanken und Absichten man etwas tut, desto weniger Karma (im Sinne von Schaden) lädt man sich auf. Der Buddhist möchte so bewußt leben lernen, daß er in möglichst vielen Situationen richtig handelt, also angemessen, situationsgerecht, für das ganze Geschehen sinnvoll, und nicht eigennützig oder sonstwie aus der Optik seines Egos.

III. VOM GESCHAFFENEN UND UNGESCHAFFENEN

1. Alles Existierende ist unbeständig

(Pali *anicca*). Es gibt nichts Statisches, Unveränderliches, sondern alles Seiende ist einem Wandel unterworfen. Der Wandel, die Veränderlichkeit, der Fluß, der allem innewohnt, kann in der Zeit verschieden schnell ablaufen: Bis ein Stein erodiert oder vom Wasser ausgehöhlt wird, dauert es länger, als bis ein Baum stirbt, eine Blume verwelkt, ein Mensch altert oder eine Einsicht kommt. Aber grundsätzlich ist jede Form vergänglich und damit irreal. Sicherheit auf dieser Welt ist eine Illusion, und es hat gar keinen Sinn, sie zu suchen, da man sich sonst dem Fluß des Lebens entgegenstellt.

Sicherheit wäre zwar vielleicht etwas Angenehmes, aber die Welt ist – leider oder auch nicht – so beschaffen, daß es letztendlich keine Sicherheit gibt. Wenn man diese Existenzbedingung nicht leugnet, entsteht zwar Unsicherheit, aber dafür auch Freiheit: Wenn man keine Angst mehr hat vor der Zukunft, die sowieso anders daherkommt, als man denkt, und sich gegen den Lebensfluß nicht mehr glaubt wehren zu müssen, sondern sich ihm ganz hingeben kann, wird man frei, Gelegenheiten wahrzunehmen und zu ergreifen, welche die Gegenwart bietet.

Der Mensch ist also wie alle anderen Lebewesen diesem dauernden Wandel unterworfen; der Mensch ist sozusagen ein Prozeß, er ist keine Konstante. Unser Körper wächst während der Jugend und zerfällt im Alter. Aber nicht nur das, unser Körper erneuert sämtliche Zellen im Laufe von etwa sieben Jahren. Alle sieben Jahre hat man also, materiell gesehen, einen neuen Körper. Aber auch unsere Haltungen und Meinungen, unser Denken und Fühlen, unser Bewußtsein sind nicht gleichbleibend, sondern sie machen eine Entwicklung durch, sie verändern sich immer wieder. Mit fünfundzwanzig Jahren hat man nicht mehr die gleichen Ansichten wie mit siebzehn, und mit vierzig hat man seine Meinungen und/oder seine seelische Verfassung wieder geändert. In manchen Lebensabschnitten verändert man sich mehr, in anderen weniger, in manchen auf diesem Gebiet, in anderen auf jenem. Man stelle sich eine Klassenzusammenkunft vor: Leute, die man zwanzig Jahre nicht mehr gesehen hat, erkennt man kaum wieder, und erst nach längerem Hinschauen und einem Gespräch findet man Ähnlichkeiten mit früheren Personen.

Dieser Prozeßcharakter des Lebens ist wichtig im Zusammenhang mit dem Begriff der Wiedergeburt. Buddha wurde oft gefragt, wie das denn sei mit der Wiedergeburt, ob da derselbe Mensch wiedergeboren werde wie der, der gestorben sei. Buddha konnte darauf nicht einfach mit Ja oder Nein antworten, weil die Frage eigentlich falsch gestellt war. Was heißt schon »derselbe Mensch«? Man ist nie derselbe Mensch. Man kann selbst innerhalb einer halben Stunde eine Erfahrung machen, eine Meinung ändern oder eine Idee haben und ist dann nicht mehr derselbe Mensch. Man ist zu Lebzeiten nicht dauernd derselbe Mensch, wie soll man dann in einem nächsten Leben – nach einer Todeserfahrung – derselbe sein wie vorher? Das Leben ist ein kontinuierlicher, wandelnder Prozeß mit verschiedenen Übergangsphasen. Der Tod ist nur eine etwas einschneidendere Übergangsphase als andere. Man verliert dabei seinen materiellen Körper und den Bezug zur materiellen Welt, aber Energie ist nicht zerstörbar, nur transformierbar.

Meinungen, Haltungen, Emotionen, Gefühle sind Energien, die auch ohne Körper vorhanden sein können. Sie sind Teil von dem, was wir Seele nennen, und die Seele ist bekanntlich kein Körperteil. Diese Energien laufen weiter als ein Bündel von sich immer wieder verändernden Anteilen und suchen sich wieder einen entsprechenden Wirkungskreis. Sie hängen mit unseren fünf Sinnen zusammen, denn durch unsere Sinne be- und ergreifen wir die Welt. Sie sind es, die sich wieder verkörpern, sich ausleben möchten, die an der materiellen Welt haften und sich nicht von ihr lösen können. Deshalb werden sie »Faktoren des Daseins« oder »Gruppen des Anhaftens« oder »Ergreifens« genannt. Zusammen mit dem physischen Körper bilden sie das, was uns als leiblichen und sterblichen Menschen ausmacht und uns an den Kreislauf von Werden und Vergehen bindet.[1]

Es ist hier noch beizufügen, daß der Buddhismus das Denken den Sinnen zuordnet wie das Hören und das Sehen. Die Sinneseindrücke, die beim Denken entstehen, sind Gedanken und Vorstellungen. Diese kann der Geist (Geist im Sinne von »Urheber des Denkens«, wie engl. *the mind*)[2] durchaus von der Außenwelt aufnehmen, ähnlich wie das Auge einen Gegenstand von der Außenwelt aufnimmt. Gewisse Gedanken und Vorstellungen liegen sozusagen in der Luft, wie es das deutsche Wort »Zeitgeist« so schön ausdrückt. Was in Erziehung und Schule den Kindern mitgegeben wird, was die Mentalität und kulturelle Ausprägung eines Volkes ausmacht, das kollektive Denken sozusagen, prägt das Denken jedes einzelnen Menschen. Oft merkt man erst viel später im Leben, daß viele Gedanken und Überzeugungen, die man jahrelang vertrat, eigentlich gar nicht aus der eigenen Überzeugung stammen, sondern von Familie, Gesellschaft, Medien, Kultur oder Zeitgeist unbesehen übernommen wurden. Dazu kommt noch, daß das Denken wie ein Mühlrad ist, das nie abgestellt wird, auch wenn man dies gar nicht wahrnimmt. Vor allem wer zu meditieren anfängt, wird dieser Tatsache gewahr. Noch schlimmer, der Geist denkt oft nicht nur eine Sache, sondern gleich mehrere Dinge auf einmal, und es kann sehr schwierig sein, Ordnung ins Denken zu bekommen oder gar die Denkmühle ganz abzustellen. Es ist dann ähnlich wie beim Hören, bei dem es auch sehr schwierig sein kann, die Ohren abzuschalten und den Lärm nicht mehr wahrzunehmen, vor allem, wenn man sich konzentrieren oder schlafen möchte. Der Meditierende erlebt dann, daß das Denken und das Bewußtsein nicht dasselbe sind, ja daß das Hirn denken kann, ohne daß man sich dessen notwendigerweise bewußt ist.

2.
Alles ist aus dem gleichen »Stoff« gemacht, oder: Das Universum ist eine zusammenhängende Einheit

Der Mensch hat nicht nur Anteil an etwas Existentiellem, Veränderlichem, das immer wieder auf die Welt kommen möchte, wie das im vorigen Abschnitt beschrieben wurde. Er hat auch Anteil an etwas Ewigem, Universellem, Spirituellem oder Göttlichem, wenn man so will. Buddha sagt, daß es nichts im Universum gibt, was nicht grundsätzlich aus dem gleichen »Stoff« bzw. der gleichen Energie entstanden wäre.

»Es gibt, ihr Jünger, ein Ungeborenes, Ungemachtes, Ungeschaffenes. Gäbe es nicht jenes Ungeborene, Ungemachte, Ungeschaffene, so gäbe es keinen Ausweg aus dem Geborenen, Gewordenen, Gemachten, Geschaffenen. Weil es aber dieses Ungeborene, Ungemachte, Ungeschaffene gibt, darum gibt es eben einen Ausweg aus dem Geborenen, Gemachten, Geschaffenen.«[3]

Über die Natur dieses Ungeschaffenen schwieg Buddha beharrlich; es ist etwas, das jenseits jeder Dualität liegt und somit nicht in Worte zu fassen und nicht zu beschreiben ist. Es gibt dort keine Dinge, sondern alle Dinge entstehen aus jenem Urgrund. Dieser wird im Buddhismus oft als Leere bezeichnet, eine Leere, in der alle Formen potentiell vorhanden sind, ähnlich wie die Physik von der Beschaffenheit des Universums spricht.[4] Die vielfältigen Erscheinungsformen sind wie die Spektralfarben des weißen Lichts, das sich in einem Prisma bricht: Alle Farben sind im weißen Licht enthalten, und es gibt keine Farbe, die Komponenten hätte, die das weiße Licht nicht auch enthielte. Im späteren Mahayana-Buddhismus wurde diese Vorstellung der Einheit und Geistigkeit des Kosmos weiter ausgearbeitet. Aber auch schon vor Buddhas Zeiten wurden solche Ideen in philosophischen Schriften erörtert. Vor allem in den Upanishaden und der Bhagavad Gita fand sich die Vorstellung von einer Wirklichkeit, die hinter aller Erscheinungswelt besteht. Diese letztendliche Wirklichkeit, das *Brahman*, galt als identisch mit dem *atman*, dem wirklichen Wesen oder der Seele des Menschen.

»Das, was der feinste Stoff ist, ist die Seele der ganzen Welt. Das ist das Wahre. Das ist Atman. Das bist du.«[5]

Diese Ansicht, die auch in den Yoga-Lehren zu finden ist, faßte aber nicht Fuß im späteren religiösen Leben des hinduistischen Indiens. Hier siegte die Vorstellung von *atman* als einer von der übrigen Schöpfung abgetrennten konstanten Individualseele, wie sie allgemein für patriarchal überlagerte Religionen typisch ist.

Auch den Physikern fällt es übrigens sehr schwer, ihre Entdeckungen in Worte zu fassen, denn auch sie sind in mystische Bereiche vorgedrungen. Je tiefer die Physiker in die Materie vordringen, je mehr Teilchen sie spalten, desto weniger materiell wird es, und desto mehr Einheit finden sie. Was die Verschiedenheit und Vielfältigkeit ausmacht, ist nicht verschiedene Materie, sondern Anordnung, Häufung, Frequenz, Beziehung zwischen Energien. Der Physiker Fritjof Capra formulierte es folgendermaßen:

»Diese grundsätzliche Einheit des Universums ist auch eine der bedeutendsten Offenbarungen der modernen Physik. Sie tritt im atomaren Bereich zutage und manifestiert sich immer deutlicher, wenn man tiefer in die Materie, hinunter in das Reich der subatomaren Teilchen, eindringt. Das Thema von der Einheit aller Dinge und Ereignisse taucht bei unserem Vergleich der modernen Physik mit der östlichen Philosophie immer wieder auf. Wenn wir die verschiedenen Modelle der subatomaren Physik studieren, sehen wir, daß sie immer wieder auf verschiedene Weise die gleiche Einsicht ausdrükken: daß die Bestandteile der Materie und die daran beteiligten Grundphänomene alle zusammenhängen, zueinander in Beziehung stehen und voneinander abhängen; daß sie nicht als isolierte Einheiten, sondern nur als integrierte Teile des Ganzen verstanden werden können.«[6]

Ähnlich wie Einstein sagt Buddha, daß alles Existierende auf der Welt relativ ist: Die Dinge be-*ding*-en sich gegenseitig, es gibt kein »Ding an sich«. Das würde heißen, daß unsere Wahrnehmung einer dualen Welt nicht die letztendliche Wirklichkeit ist. Dualismus bedeutet, daß man die Dinge getrennt und unabhängig voneinander sieht, daß Subjekt und Objekt voneinander unbeeinflußte Einheiten sind. Es ist eine Weltsicht, die Teilung, Gegensatz und Trennung voraussetzt: Der Sehende und das Gesehene sind zwei voneinander unabhängige Tatsachen, ebenso Leib und Seele, Geist und Materie, Gott und Welt, Schöpfer und Geschaffenes, Träumer und Traum etc. Am Beispiel von Träumer und Traum ist wohl am einfachsten nachvollziehbar, daß die zwei Teile des Paares nicht unabhängig voneinander sind, sondern sich gegenseitig bedingen: Es gibt keinen Traum ohne Träumer. Ein Traum existiert erst und nur dann, wenn er von einem Träumer geträumt wird. Es gibt andererseits auch keinen Träumer ohne Traum, d. h., jemand, der keinen Traum träumt, ist kein Träumer.

Auf die gleiche Weise gibt es keinen Schöpfer ohne Geschaffenes und umgekehrt, die beiden bedingen sich gegenseitig und sind eins. Wir sind zugleich Teil der Schöpfung und Teil des Schöpfers. In diesem Sinne gibt es nichts Getrenntes, von allem anderen unabhängig

Existierendes. Alles ist relativ, d.h., es steht in Beziehung zueinander und bedingt sich gegenseitig. Zwischen einem »Ich« und der »Welt« besteht die gleiche Beziehung wie zwischen einem Sehenden und dem Gesehenen bzw. einem Träumer und seinem Traum: Ein Ich und eine Welt gibt es nur im Wahrnehmen und im Bewußten, genau wie es einen Träumer und einen Traum nur im Bewußtseinszustand des Träumers gibt. Oder anders gesagt: Es gibt keine Realität, solange sie nicht wahrgenommen wird. Es gibt kein Ich und keine Welt außerhalb unserer Wahrnehmung und unseres Bewußtseins.

Sehender	–	Gesehenes
Leib	–	Seele
Materie	–	Geist
Welt	–	Gott
Schöpfer	–	Geschaffenes
Traum	–	Träumer

»Sei achtsam und erwache; sei dir der Tatsache bewußt, daß deine Psyche aktiv an der Erschaffung dessen beteiligt ist, was dir als äußere Wirklichkeit erscheint; laß ab von allen Ängsten und allem Anhaften.« Auf diese Weise faßt Walt Anderson die wichtigsten Lehren des Buddhismus zusammen.[7]

In der Physik bedeutet das unter anderem, daß man keine objektiven Experimente machen kann, da das Subjekt (der Experimentierende) und das Objekt (der zu untersuchende Gegenstand) nicht unabhängig voneinander existieren, sondern sich gegenseitig beeinflussen und bedingen. Mit diesen Erkenntnissen wurde in der Physik eine Umwälzung im herkömmlichen Weltbild eingeleitet, deren Folgen noch nicht abzusehen sind. Die Wissenschaft ist in nicht-duale, nicht-materielle Bereiche, in geistige Dimensionen vorgestoßen. Die Gesetze dieser neuen Bereiche scheinen den Grundgesetzen der klassischen Physik zu widersprechen, oder anders gesagt, sie zeigen, daß der Anwendungsbereich der klassischen Physik beschränkt ist. Die klassische Physik zeigt nicht die ganze Wirklichkeit.

Die Erkenntnisse der Physik sind nicht mehr ohne weiteres erfahrbar oder mit den Sinnen faßbar, was folgendes Beispiel aus dem Alltag demonstrieren mag: In der Schule lernten wir, daß alle Materie aus Atomen besteht, die Atome wiederum aus noch kleineren Teilchen zusammengesetzt sind und daß die verschiedene Zusammensetzung und Anordnung dieser Teilchen die Unterschiede der Atome und damit der Elemente ausmacht. Die Atome selber wiederum können sich unterschiedlich zu Molekülen gruppieren und so verschiedene Stoffe bilden. Wasser etwa besteht aus zwei Wasserstoffatomen und einem Sauerstoffatom, d. h., Wasser besteht aus zwei chemischen Elementen, die allein für sich eine ganz andere Beschaffenheit haben und nicht nur im Wasser vorkommen. Diese physikalische Tatsache ist aber auf der normalen sinnlichen Erfahrungsebene nicht spürbar oder wahrnehmbar. Wasser ist auf der sinnlichen Erfahrungsebene ein Element, und zwar ein nasses. Wenn jemand an Sauerstoffmangel leidet, nützt es ihm gar nichts, wenn man ihm sagt, er solle doch Wasser nehmen, das enthalte auch Sauerstoff. Wenn man Hunger hat, nützt es einem auch nichts, ein Stück Holz angeboten zu bekommen mit der Bemerkung, es enthalte ja die gleichen Protonen und Elektronen wie Kartoffeln. Es gibt also verschiedene Ebenen der Erfahrung und der Wirklichkeit. Diese widersprechen sich scheinbar, weil man mit den Sinnen nur die oberflächlichere wahrnimmt.

Im Gegensatz zum physikalischen Wissen sind Buddhas Erkenntnisse nicht theoretisch, sondern meditativ erlebt und erfahren und haben einen Bezug zur menschlichen Existenz. Bei der meditativen Arbeit vollzieht sich eine Veränderung des Bewußtseins, die eine Veränderung der ganzen Persönlichkeit nach sich ziehen kann und sich segensreich auf das ganze Leben auswirkt. Buddhas Lehre ist eigentlich eine Ergänzung zu Darwins Evolutionslehre. Darwin beschreibt die Evolution der Organismen, Buddha beschreibt die Evolution des Bewußtseins. Einem Buddhisten geht es darum, diesen Pfad der Entwicklung zu beschreiten und die dabei gewonnene Erkenntnis und Veränderung in seinem Bewußtsein und Gemüt für sein Leben nutzbar zu machen. Er benützt also die Lehre Buddhas als Mittel, um auf seinem Erkenntnis- und Befreiungsweg voranzuschreiten. Buddha wollte seine Lehre auch in diesem Sinne verstanden wissen; sie wird deshalb oft als Weg, als Fahrzeug oder als Fähre bezeichnet. Im folgenden Gleichnis wird sie mit einem Floß verglichen:

Da baut jemand ein Floß und vermag so das andere Ufer zu erreichen. »Was würdest du von diesem Manne denken?« fragt Buddha. »Wäre er ein kluger Mann, wenn er – am anderen Ufer angelangt, aus Dankbarkeit für das Floß, das ihn über den Strom zur Sicherheit trug – am Floß haften, es auf seinen Rücken nehmen und mit seinem Gewicht herumwandern würde?« Die Mönche erwiderten »Nein«. Und der Buddha schloß: »In gleicher Weise muß das Fahrzeug der Lehre weggeworfen und verlassen werden, wenn einmal das andere Ufer der Erleuchtung erreicht ist.«[8]

Damit sagt Buddha deutlich, daß seine Erläuterungen nur so weit von Belang sind, als sie ganz praktisch dem einzelnen auf seinem Weg zur Befreiung, d. h. zur Entwicklung seines Bewußtseins, weiterhelfen. Es geht ihm weder um philosophische oder intellektuelle Spitzfindigkeiten noch um einen Glauben an etwas. In dieser Hinsicht unterscheidet sich die buddhistische Lehre entscheidend von westlichen Philosophien und Religionen. Wichtig ist also zum Beispiel nicht so sehr, ob man verstandesmäßig weiß, daß der Kosmos eine Einheit bildet, auch nicht, ob man entsprechende mystische Erlebnisse gehabt hat, sondern ob man damit in seinem Leben etwas anzufangen weiß, ob einem Glück und Wohlergehen daraus entstehen.

IV.
EGO, INDIVIDUUM UND UNIVERSELLES

Wie im vorangegangenen Kapitel gezeigt wurde, lehrte Buddha, daß wir Menschen ein Teil des Kosmos sind und mit allem Seienden – mit allen Lebewesen und der ganzen Natur – eine zusammenhängende Einheit bilden. In buddhistischen und tantrischen Texten gibt es wie bei den amerikanischen Indianern das Gleichnis vom Gewebe des Lebens: Der Mensch ist wie eine Faser im Gewebe des Lebens. Wir sind zwar alle verschieden und sollen es auch sein, aber unsere Verschiedenheiten bilden die unendlich vielfältigen Erscheinungsformen eines unteilbaren Ganzen. Daraus folgt, daß man keiner Erscheinungsform Schaden zufügen kann, ohne sich letzten Endes nicht auch selbst zu schaden. Wer sich auf Kosten anderer Vorteile erkämpft, der beraubt einen Teil des Ganzen und stört das Gleichgewicht.

Die größte und unheilvollste Täuschung des Menschen ist es, zu glauben, es gehe ihm besser, je mehr vom ganzen Gewebe ihm gehöre, je wichtiger oder mächtiger er selber sei oder je mehr er unter seiner Kontrolle und unter seiner Macht habe. Unsere ganze Wirtschaftsordnung basiert auf diesem Prinzip. Es gilt, immer mehr zu wachsen und sich auszudehnen, Märkte zu beherrschen und seine Konkurrenten möglichst zu vernichten. Es ist das Prinzip der Ausbeutung im allgemeinen Sinne, nämlich daß Lebewesen nicht um ihrer selbst willen, sondern für den egoistischen Nutzen eines anderen auf der Welt seien. Nach buddhistischer Sicht schadet man sich mit solcher Selbstsucht selbst, denn man ist ja ein Teil des Ganzen, und das eigene Wohlergehen hängt auch vom Wohlergehen des Ganzen ab. Zudem wird einen nach karmischer Gesetzmäßigkeit die Wirkung des eigenen Handelns letztendlich selbst treffen.

Dieser Zusammenhang alles Seienden läßt sich am besten mit folgendem Diagramm darstellen:

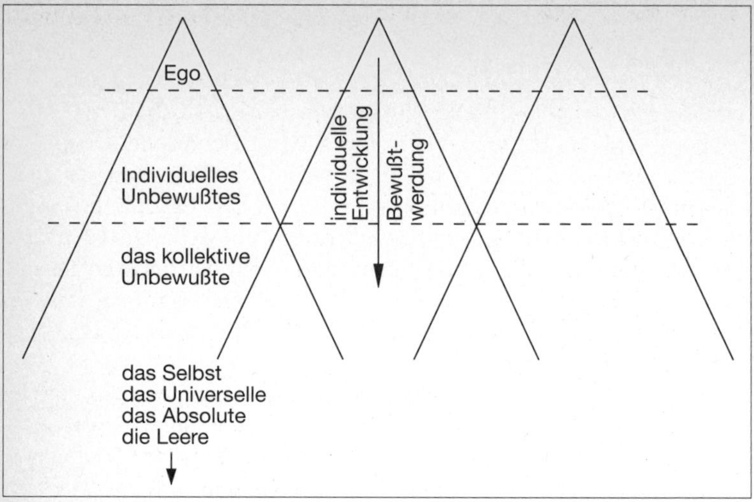

Die drei Spitzen oder Eisberge sollen drei Individuen darstellen. Nach der Tiefenpsychologie macht der bewußte Anteil der menschlichen Psyche nur einen kleinen Teil – vielleicht ein Zehntel – aus. Der Rest unserer Seelenanteile liegt im Meer des Unbewußten. Deshalb drängt sich der Vergleich mit Eisbergen auf: Wir sind wie Eisberge, die etwa zu einem Zehntel über Wasser ragen, der Rest ist unsichtbar, unter Wasser. Die obere horizontale gestrichelte Linie zeigt die Wasseroberfläche bzw. die Grenze der Bewußtheit an. Die untere horizontale gestrichelte Linie verläuft dort, wo sich das Bewußtsein der Individuen zu berühren beginnt. Jung nannte diesen Bereich das kollektive Unbewußte. Man kann sich das Diagramm seitlich und gegen unten unendlich erweitert vorstellen, so daß alle Spitzen am gesamten gemeinsamen Untergrund teilhaben. Wenn das Universum unendlich ist, gibt es unendlich viele Spitzen, und die Tiefe des Diagramms wird unendlich. Dieses Unendliche würde dem Ungeschaffenen, dem Selbst bzw. der Leere entsprechen.

Wenn die obere gestrichelte Linie dick und undurchlässig verläuft, also keinen Einblick in tieferliegende Schichten gewährt, dann meint der Mensch, er bestünde nur aus der obersten Spitze, aus seinem Ego. Dies gibt ihm das Gefühl, er sei abgeschnitten und getrennt, er hätte nichts mit den anderen gemeinsam. Dieses Gefühl wird im Buddhismus oft als »die Illusion des Ichs« bezeichnet. Egoismus ist die folgerichtige Haltung eines solchen Menschen: Alles, was seinem Ego vermeintliche Vorteile verschafft, auch auf Kosten anderer, möchte er haben, denn die anderen gehen ihn im Prinzip nichts an, und ihr Wohlergehen hat nichts mit dem seinen zu tun. Die anderen sind seine Rivalen oder gar Feinde. Eigenschaften wie Haß, Eitelkeit, Raffgier, Ehrgeiz, Wahn entwickeln sich. Er wähnt sich, d. h. sein Ego, als das einzig Wichtige. Ein solcher Mensch handelt egoistisch, weil er nicht um die Zusammenhänge weiß; er weiß nicht, daß er mit den anderen zusammenhängt. Das ist der Grund, warum Boshaftigkeit und Egoismus im Buddhismus als nichts anderes gelten denn als Mangel an Einsicht und Weisheit.

Ein weiser Mensch weiß um die Zusammenhänge, er weiß, daß er auch sich selbst schadet, wenn er anderen schadet, denn er schadet – bildlich gesprochen – dem gemeinsamen Urgrund. Seine Handlungen sind darauf ausgerichtet, dem Ganzen zu dienen, und davon profitiert er letzten Endes auch selbst, denn er gehört ja auch zum Ganzen. Der oft gehörte Einwand von christlicher Seite gilt hier nicht, nämlich, daß die Buddhisten Egoisten seien, da sie nur deshalb niemandem etwas zuleide tun, weil sie sich selbst nicht schaden wollen. Es ist aus buddhistischer Sicht richtig und sogar wichtig, auch sich selbst nicht zu schaden, denn man ist selbst genauso ein Teil der Schöpfung wie alle anderen oder alles andere auch. Man hat für sich selbst genauso Sorge zu tragen wie für andere, denn das eigene Leben kommt aus der gleichen Quelle und ist einem anvertraut. Ja, die logische Folge ist, daß man sich selbst auch darum nicht schaden darf, weil man dadurch ja auch anderen schaden würde. Und ebenso ist es gar nicht möglich, jemand anderem etwas Gutes zu tun, ohne daß es für einen selbst nicht auch irgendwie gut wäre. Sobald man sich jedoch zwingen muß, für jemand anderen etwas zu tun, würde ein Buddhist eine Denkpause einschalten: Irgend etwas mit den eigenen Motivationen kann da nicht stimmen. »Liebe deinen Nächsten wie dich selbst« bedeutet auch: Liebe auch dich selbst. Wie sollen die anderen Achtung vor einem haben, wenn man selbst keine Achtung vor sich hat?

Der Mensch besteht aber aus mehr als nur der Spitze der oberflächlichen Bewußtheit, und wenn ihm sein Wohlergehen am Herzen liegt, tut er gut daran, mehr von seinem Wesen erkennen zu wollen. Dieser Weg der Selbst-Erkenntnis ist ein individueller Weg, er geht durch das eigene Unbewußte. C. G. Jung nannte ihn »Individuation«, das Finden der eigenen Individualität. Es ist ein Weg, der durch die eigene Tiefe führt, wo die eigenen unbewußten Gefühle, Emotionen, Ängste, Haltungen, Vorstellungen etc. aus der Tiefe ans Licht der Bewußtheit kommen. Auf diese Weise kann man sich von den negativen oder schädlichen Anteilen lösen und die positiven Seiten fördern. Die eigene Stellung und Aufgabe in diesem Leben wird dabei deutlicher, der Sinn, den man diesem Leben gegeben hat.

Bei dieser Selbstentdeckung kann man – wie das Bild der Eisberge zeigt – nur den Weg in die *eigene* Tiefe gehen, und vielleicht darüber hinausgelangen. Man kann nicht den Weg eines anderen gehen, jemandes anderen Individualität nachahmen oder annehmen. Es gibt also so viele Wege zum Selbst, wie es Menschen gibt. Jeder *kann* nicht nur, sondern *muß* nach seiner eigenen Fasson selig werden, und jeder kann nur *den* Teil der Wahrheit erhaschen, der ihm von seiner Position eben zugänglich ist. Deshalb gibt es auch unzählige Meditations-Praktiken und andere Methoden der Bewußtwerdung und Selbstfindung. Der Weg zur Erlösung, d. h. zur Bewußtwerdung, ist also ein individueller Weg, nicht ein von außen oder von einer Religion vorgegebener, und er hat auch nichts mit der Zugehörigkeit zu einer Glaubensgemeinschaft zu tun, auch nicht mit der zur buddhistischen. Der englische Philosoph Bertrand Russell hat gesagt: »Nur durch Individualität gelangt man zur Universalität.« Diese Aussage entspricht der buddhistischen Sicht, wie sie im Diagramm mit den Spitzen dargestellt ist.

Wenn man zum Universellen (zum Selbst, zu »Gott«) gelangen will, kann man dies nur durch das Bewußtwerden der eigenen Individualität tun. Für das Verständnis der buddhistischen Lehre ist es deshalb sehr wichtig, den Unterschied zwischen Egoismus einerseits und Individualismus im Sinne der individuellen Entwicklung, des Sich-selbst-Findens und Zu-sich-selbst-Stehens andererseits zu kennen. Egoismus hat mit Selbsttäuschung und Nichtwissen zu tun und ist schädlich, die Entwicklung des Individuums hingegen ist der einzig mögliche Weg zum »Selbst«. Es bedeutet, sich selbst und die eigenen Motivationen besser verstehen zu lernen, seine individuelle Lebensaufgabe zu erfüllen, die immer auch aufs Ganze gerichtet ist. Eine gewisse Losgelöstheit vom eigenen Ego ist damit verbunden, weil man ja über die eigene beschränkte Sicht hinaussieht. Ebenso ist das Wohlwollen gegenüber anderen losgelöst von Emotionen und Affekten und wird somit unparteiisch und ohne eigene Interessen. Wer seine eigene Individualität kennt, kann auch die Individualität der anderen wahrnehmen, im anderen also mehr als nur sein beschränktes und deshalb vielleicht unangenehmes Ego sehen. Er kann ihn damit auch in seinem tieferen Wesen verstehen und annehmen. Und in diesem tieferen Verstehen kann er ihm helfen, sich selbst auch tiefer wahrnehmen zu können.

Im Westen haben wir Schwierigkeiten mit dem Auseinanderhalten von Egoismus und individuellem Weg, vor allem weil eine sprachliche Begriffsverwirrung besteht. Das Wort Individualismus wird oft mit Egoismus gleichgesetzt, wodurch viele Mißverständnisse entstehen, da ihm verwandte Wörter wie Individualität und Individuation gerade das Gegenteil von Egoismus bedeuten. Vor allem westliche Historiker assoziieren Individualismus mit der Zeit des Beginns der freien Marktwirtschaft in Europa, des Industriezeitalters, der Ausbeutung und rücksichtslosen Verfolgung eigener Interessen, kurz, sie setzten das Wort gleich mit Egoismus. Sie brauchen das Wort für etwas, was im 19. Jahrhundert im Westen erfunden worden sei, für etwas Schlechtes, das die Menschheit überwinden müsse.

Individualismus wird sowohl im Osten als auch im Westen mit Freiheit assoziiert, bei uns im Westen aber oft mit einer egoistischen Freiheit im obenerwähnten Sinn. Die Freiheit jedoch, die das Individuum durch Selbsterkenntnis gewinnt, bedeutet im Gegenteil die Freiheit von den eigenen egoistischen Wünschen und Begierden. Ähnlich wie dem Wort Individualismus erging es dem Begriff Selbstverwirklichung, der in Europa bald wie alle Begriffe dieser Art einen negativen, egoistischen Beigeschmack bekam, ursprünglich aber »Verwirklichung des Selbst« bedeutete, d. h. eine individuelle und spirituelle Entwicklung.

Im Zusammenhang mit dem oben Gesagten und mit dem Diagramm der Spitzen läßt sich das Wort Jesu »Ich bin der Weg, die Wahrheit und das Leben« in einem nicht-dogmatischen oder buddhistischen Sinn erklären. Von Jesus wird gesagt, er sei ein Revolutionär oder Neuerer gewesen, im sozialen wie religiösen Bereich. Trotzdem getraut man sich oft nicht, seine Lehre in einem wirklich neuen Sinn zu verstehen. Er lebte zu einer Zeit und an einem Ort, wo eine starre, patriarchale Gottesvorstellung herrschte. Weh dem, der nicht an diesen alttestamentlichen Gott glaubte und ihm nicht absoluten Gehorsam leistete. Die Pharisäer als Mittler zu diesem gefürchteten Gott hatten deshalb auch beträchtliche Macht, ähnlich den Brahmanenpriestern in Indien zur Zeit Buddhas. Nur über sie kam man zu Gott und zum ewigen Leben. Nun kommt Jesus und sagt: »Ich bin der Weg, die Wahrheit und das Leben.« Von den meisten Kirchen wird das so verstanden, daß Jesus den alten Gott durch einen neuen, seinen Vater, ersetzte. Das heißt, man beließ die Struktur des Glaubens und ersetzte nur eine Gottheit durch eine andere. Alter Wein in neuen Schläuchen, würde das heißen, die gleiche alte Geschichte neu verpackt, nur mit etwas mehr Liebe.

Jesus hat aber möglicherweise etwas viel Revolutionäreres gemeint, als er sich mit jener Aussage den Pharisäern entgegenstellte, nämlich eine radikale Umstrukturierung des Religions- und Weltverständnisses: weg von einer dualen Sicht der Welt, wo Gott und Mensch unendlich weit entfernt und vor allem verschieden sind, zu einem mystischen Weltbild, das zugleich einen Weg zur Selbstverwirklichung aufzeigt: Ich – und damit jeder einzelne – ist sein Weg, seine Wahrheit, sein Leben und kann dieses nur durch sich selbst finden, ohne die Unterwerfung unter irgendeine Religion, eine Priesterschaft oder ein Gottesbild. Jeder ist Gottes Sohn/Tochter. Er kann, um mit dem vorherigen Bild zu sprechen, von der Spitze seines oberflächlichen Seins zu Gott gelangen, wenn er durch sich selbst hindurchgeht und die Wahrheit/Gott/das Selbst in sich findet.

V.
DIE KOSMISCHE ORDNUNG: DAS DHAMMA

(Sanskrit: *Dharma*). Buddha sagt, daß es im Kosmos eine Ordnung, ein Gesetz gibt, dem alles, auch die Menschen, unterworfen sind. Ein buddhistischer Mönch des 20. Jahrhunderts erklärt dieses Gesetz sehr anschaulich:

»Alle Lehren des Buddha können in einem Wort zusammengefaßt werden: Dhamma. Es heißt Wahrheit, das, was wirklich ist. Es heißt auch Gesetz, das Gesetz, welches in eines Menschen eigenem Herzen und Sinn existiert. Es ist das Prinzip der Redlichkeit.
Die Leute schätzen Buddha als edel, rein und wohltätig, nicht weil man so sein soll, um irgendeinem höheren Wesen zu gefallen, sondern um dem Höchsten in seinem eigenen Inneren gegenüber wahr zu sein.
Dhamma, das Gesetz der Redlichkeit, existiert nicht nur im Herzen der Menschen, sondern auch im Universum. Das ganze Universum ist eine Verkörperung und Offenbarung des Dhamma. Wenn der Mond auf- und untergeht, die Regen kommen, die Saat wächst, die Jahreszeiten wechseln, ist es wegen des Dhamma, denn das Dhamma ist das Gesetz, welches im Universum wohnt und welches verursacht, daß die Materie sich so verhält, wie die modernen Wissenschaften in Physik, Chemie, Biologie etc. es zeigen. Dhamma ist die wahre Natur von jedem existierenden Ding, lebend oder nichtlebend.
Wenn ein Mensch nach dem Dhamma lebt, wird er dem Elend entgehen und zum Nirwana kommen, der endgültigen Lösung vom Leiden.
Es ist nicht durch irgendein Gebet, noch durch eine Zeremonie, noch durch ein Anflehen einer Gottheit, daß der Mensch das Dhamma entdeckt. Er wird es nur auf eine Art entdecken: indem er seinen eigenen Charakter entwickelt.

Diese Entwicklung kommt nur durch Beherrschung des Geistes und Reinigung der Gefühle zustande. Bis ein Mensch nicht die Stürme in seinem Herzen gestillt hat, bis er nicht sein Wohlwollen allen Wesen gegenüber zukommen läßt, solange hat er nicht einmal den ersten Schritt zu seinem Ziel gemacht« (U Thittila, 1956).[1]

Nach dem Dhamma leben heißt also, sich selbst tiefer kennenlernen und damit auch sich entwickeln lernen wollen. Es heißt, um an das vorige Kapitel anzuknüpfen, von einem Egoisten zu einem Individuum zu werden, das nach seiner eigenen Gesetzmäßigkeit sucht, die zugleich im Einklang mit der Gesetzmäßigkeit des Kosmos ist. Das Interessante am Begriff des Dhamma ist, daß es sowohl höchst individuell als auch zugleich universell und ganzheitlich ist. Innerhalb des universellen Gesetzes hat jeder seine eigene Gesetzmäßigkeit, wie ein Stern seine eigene Bahn zieht. Wenn er in eine falsche Bahn oder in die Bahn eines anderen gerät, gibt es Unfälle. Jeder weiß also am besten selbst, was er zu tun hat. Es wäre völlig unsinnig, einem Menschen raten zu wollen, indem man ihm sagt, »Wenn ich du wäre, würde ich dies oder jenes tun«. Man ist nicht und wird nie jemand anders sein. Es geht darum, seine eigene Stellung und Aufgabe im Ganzen zu finden, denn der Teil, den jeder beitragen kann, ist für das Ganze wertvoll, und jeder hat frühere Fehler gutzumachen. Es geht nicht darum, Opfer zu bringen, sondern dem Ganzen zu dienen, und damit dient man auch sich selbst. Dhamma wird oft auch als »Pflicht« übersetzt, das, was der einzelne dem Ganzen schuldet.

Das Verständnis des Dhamma erklärt die große Zurückhaltung, die in buddhistischen Ländern allgemein gegenüber dem Privatleben anderer geübt wird. Es besteht ein großes Bedürfnis nach Privatsphäre und eine Scheu, sich in die Angelegenheiten anderer zu mischen, ein Achten der Eigenart und der Freiheit des anderen. Dies äußert sich auch in der Kindererziehung: Kinder wachsen verhältnismäßig frei auf, lernen aber auch früh, für sich selbst verantwortlich zu sein. Hier besteht ein Unterschied zum westlichen Denken, vor allem zum kontinentaleuropäischen, weniger zum angelsächsischen. Bei uns taucht im Zusammenhang mit individueller Freiheit oft eine große Unsicherheit auf, die Angst, nicht zu wissen, wo die Grenze ist. »Wenn jeder machen kann, was er will, dann gibt es ja Chaos« und ähnliche Bedenken werden geäußert. In einer Gesellschaft, die aus lauter unterentwickelten Egoisten besteht, stimmt dies natürlich auch. Es ist einerseits die Angst vor der eigenen Freiheit, die ja immer auch Selbstverantwortung bedeutet, als auch die Angst vor der überbordenden Freiheit der anderen. U Thittila erklärt Freiheit sehr schön:

> »Nirwana ist Freiheit, aber nicht Freiheit von den Umständen, sondern Freiheit von den Fesseln, mit welchen wir uns an die Umstände gebunden haben. Derjenige Mensch ist frei, welcher stark genug ist zu sagen, ›was immer kommt, akzeptiere ich als das beste‹.
> Freiheit heißt nicht, daß man alles tun kann, was man sich nur vorstellen kann, daß man einen Löwen mit einem Handschlag bezwingen kann. Freiheit, alles zu tun, was wir uns nur wünschen können, ist nicht Freiheit, denn dies bedeutet eine Rückkehr zu den Fesseln unserer Wünsche, unserer Begierden. Freiheit heißt, daß man nicht zum Sklaven von irgend jemandem oder irgend etwas gemacht werden kann, weil man frei von persönlicher Begierde ist, frei von Entrüstung, Wut, Stolz, Angst, Ungeduld, frei von jedem Verlangen. Eines solchen Menschen bindende Gefühle sind wie ein Haufen Kerzen ausgeblasen worden. Ein solcher Mensch ist frei hier auf dieser Welt. Er hat das Nirwana auf dieser Welt erreicht.«[2]

Die unterschiedlichen und oft negativen Vorstellungen, die viele westliche Menschen beim Wort Freiheit haben, sind tatsächlich auch ein Hindernis im Verständnis der buddhistischen Lehre, bei der es ja um nichts anderes als um Befreiung und Freiheit geht. Freiheit wird von vielen Menschen gar nicht als etwas Erstrebenswertes empfunden, was sie auch immer darunter verstehen mögen. Man müsse lernen, sich zu bescheiden und sich unterzuordnen; wenn man frei sei, dann könne man ja rücksichtslos sein, dann seien einem sozusagen keine Grenzen mehr gesetzt, und das sei schlecht. Diese Ansicht entspricht einem Menschenbild, in dem der Mensch grundsätzlich schlecht, also ein Egoist, ist. Wenn er gut sein soll, müsse er dazu gezwungen werden, da dies ja seinen eigenen Interessen widerspräche und er es deshalb aus freien Stücken nicht sein möchte.

Auch hört man oft die Ansicht, unsere heutige Gesellschaft sei zu individualistisch, und damit meint man zu egoistisch. Der einzelne könne rücksichtslos seine egoistischen Ziele verfolgen, und es bestehe kein Unterordnen unter ein gemeinschaftliches Ganzes mehr. Der Haken daran ist, daß unter einem gemeinschaftlichen Ganzen meist ein

Gebilde verstanden wird, in dem entweder die Gemeinschaft als Ganzes oder deren Vertreter bestimmen, inwiefern sich der einzelne unterzuordnen hat, und nicht das Individuum selbst. Das Individuum ist somit fremdbestimmt und untersteht dem Zwang einer Gemeinschaft, die mehr oder weniger autoritäre oder totalitäre Züge aufweist. Oft kommt noch ein moralischer Anspruch dazu: Sich der Gemeinschaft unterordnen ist moralisch hochstehend; eigene, private oder individuelle Ziele verfolgen ist verwerflich. Daß letzteres dann um so maßloser vorkommen muß, wenn es nur im verborgenen geschehen darf, wird meist nicht wahrgenommen.

Oft wird sogar Wohlstand als etwas moralisch Schlechtes betrachtet, weil die Menschen damit Freiheiten verschiedenster Art gewinnen können. Neid und Schadenfreude des sich vom Ganzen abgetrennt fühlenden Menschen scheinen hier mitzuschwingen: Wenn *ich* schon nicht darf, sorg ich dafür, daß du auch nicht darfst. Wenn man sparen müsse, sei das moralisch wertvoll, in kinderreichen Familien lerne man teilen usw. Aus buddhistischer Sicht ist weder Unterordnung noch Rücksichtslosigkeit eine sinnvolle Form des Zusammenlebens, da beide auf Egoismus und Fremdbestimmung basieren. Freiheit ist eben nicht gleichbedeutend mit dem Ausleben von egoistischen Interessen. Sie ist auch unvereinbar mit sozialem Zwang und Unterwerfung des einzelnen, und das Sich-Unterordnen ist keine Tugend. Eine Gemeinschaft von sich unterordnenden Menschen ist keine freiheitliche Ordnung, und der einzelne hat keine Möglichkeit, seinen eigenen Weg zu gehen. Rücksichtsloses Sichausleben einerseits und Unterordnung andererseits sind die Extreme derselben Polarität und bedingen sich gegenseitig; d. h., sie kommen immer zusammen vor: Entweder das Ego unterwirft andere (oft im Namen der Familie, der Gesellschaft oder eines Gottes), oder es wird von anderen unterworfen.

Ein Mensch, der auf dem Weg des Dhamma ist, d. h. auf dem Weg der Befreiung, der Suche nach sich selbst, ist weder rücksichtslos noch ordnet er sich selbst oder andere unter, er ordnet sich freiwillig ein. Eine freie Gesellschaft ist eine Gesellschaft von Individuen und braucht keine Unterordnung. Sie ist nicht totalitär oder diktatorisch, d. h., sie muß nicht über den einzelnen bestimmen und Zwang ausüben. Der einzelne erkennt seine Pflicht, sein Geschenk an das Ganze selbst, und er erfüllt sie mit Freude, weil sie ihm gemäß ist, weil er einen Sinn darin sieht und weil er sich auf diese Weise verwirklichen kann. Diese Pflicht kann ihm nicht von außen gegeben werden, nur er allein kann sie erkennen, er kann seine Bestimmung, sein Dhamma wissen. Wenn jeder seinen ureigenen Teil beiträgt, trägt er zugleich sein Bestes bei, und dann ist dem Ganzen auch am besten gedient.

Wenn er nicht sein eigenes Bestes geben kann, lebt er nicht nur unerfüllt, sondern es ist auch ein Verlust für das Ganze: Wichtige Ressourcen liegen brach, denn ohne Freiheit kann niemand sein Bestes leisten, weil sein Bestes aus ihm herauskommt. Eine Ordnung ergibt sich dann von selbst, wenn jeder nach dem Dhamma lebt; es braucht zwar Gesetze, aber keine künstliche Einschränkung, keine Fremdbestimmung oder aufoktroyierte Ordnung. Freiheit bedeutet, daß alle Farben des Spektrums klar leuchten können und nicht in ein einheitliches Graubraun gezwängt werden.

Häufig gelten Gehorsam und Unterordnung als Grundpfeiler jeglicher Ordnung, ob im familiären, gesellschaftlichen, wirtschaftlichen oder religiösen Bereich. So ist es für viele Menschen unvorstellbar, daß überhaupt noch jemand arbeiten würde, wenn man die Freiheit hätte, nichts mehr zu tun, und daß dann unsere Gesellschaft ganz zerfallen würde. Eine solche Ansicht kann nur in einer Gesellschaft bestehen, in der Arbeit zum Selbstzweck gemacht wurde. Sie ist dann für den einzelnen fremdbestimmt und geht über das Maß hinaus, das ihm ein ausgewogenes Leben ermöglicht oder das auch nur von der mengenmäßigen Produktion und Konsumtion und dem Ressourcen-Verbrauch her sinnvoll wäre. Die Maßlosigkeit und Fremdbestimmung der Arbeit verhindert, daß sich die Menschen überhaupt noch eine sinnvolle freie Entfaltung vorstellen können, in der sie aus eigenem Antrieb etwas leisten möchten. Eine anzustrebende menschliche Gemeinschaft wäre jedoch eine, in der sich alle wohl fühlen und in Freiheit leben können, und diese steht und fällt mit dem Bewußtsein der einzelnen, in welchem Maße sie ihre Individualität entwickelt haben. Egoisten schaffen immer unfreiheitliche, diktatorische oder totalitäre menschliche Zusammenschlüsse, und sie schaffen auch einen »faulen Frieden«, d. h. einen Frieden, der auf Unterdrückung und Angst basiert.

Solange Frieden das Gegenteil von Krieg ist, bedingen sich Krieg und Frieden gegenseitig und wechseln immer wieder ab: Im Krieg wird erobert und unterworfen, im Frieden wird in Schach gehalten. Unterwerfung und Unfreiheit erzeugen Haß, Groll und Feindschaft und diese wiederum Gewalttätigkeit. Wollte man Kriege verhindern und Frieden sichern, müßte man zu einem Verständnis von Frieden kommen, der nicht mehr das Gegenteil von Krieg ist; man müßte diese

Polarität verlassen und zu einer freiheitlichen Ordnung von freiheitsliebenden Individuen kommen.

Ein weiterer wichtiger Punkt ist die Selbstverantwortung, die mit der Freiheit einhergeht. Wenn man selber entscheiden kann, was zu tun sei, trägt man nachher auch die Verantwortung, falls es schiefläuft. Dies scheint ein wesentlicher Grund zu sein für diese Angst vor der Freiheit. Es ist einfacher, jemand anderen verantwortlich zu machen, als selbst die Verantwortung zu übernehmen. Deshalb ist Gehorsam einfacher als Selbstbestimmung; man ist dann nicht schuld. Es ist interessant, daß in unserer Öffentlichkeit kaum die Rede davon ist, Verantwortung für sich selbst und für sein eigenes Handeln zu übernehmen, ob in Familie oder Staat. Hingegen hört man oft, wie wichtig es sei, Verantwortung für andere (für die Frau, für Arbeitnehmer, für andere Länder etc.) zu übernehmen. Verantwortung für andere zu übernehmen heißt aber zugleich, andere als unmündig und unfrei zu behandeln und damit Macht über sie auszuüben. Ein Mangel an Eigenverantwortung scheint oft gepaart zu sein mit der Sucht, sich verantwortlich für andere fühlen zu wollen, was dann zugleich moralisch sehr gut tönt. Das Resultat ist, daß am Schluß niemand schuld ist, d. h. niemand die Verantwortung übernimmt für das, was geschehen ist.

Freiheit ist immer verbunden mit Urtümlichkeit, dem Leben des Ur-Eigenen. Der Urgrund, das Selbst scheint durch, und hier kommt die weitere Dimension, die spirituelle Komponente hinein. Im Buddhismus geht es ja nicht nur um die individuelle Freiheit, sondern darüber hinaus um die spirituelle Freiheit, das Finden des universellen Selbst jenseits des jetzigen beschränkten Lebens, der Freiheit und Selbstverantwortung in einem größeren Zusammenhang. Mit der spirituellen Dimension der Freiheit geht auch die spirituelle Dimension der Selbstverantwortung einher. Je mehr Zusammenhänge man erkennt, je mehr man aus dem großen Meer des Unbewußten sich bewußt macht, desto eher kommt man auf Erkenntnisebenen, auf denen man die Verantwortung für sein eigenes Schicksal wahrnehmen kann. Dies bedeutet zugleich immer mehr Freiheit und Möglichkeit der Selbstbestimmung, statt sich als Opfer zu fühlen oder andere zum Opfer zu machen. Dieses Sich-auf-den-Weg-Machen vom abgetrennten Menschen zum freien und selbstverantwortlichen Menschen in jeder Beziehung ist der ganze Zweck der buddhistischen Lehre. Buddha verstand sich als ein

Verkünder des Dhamma, als jemand, der den Menschen diesen Weg weisen kann.

Diese Zusammenhänge erklären, warum nach buddhistischer Sicht nur eine Veränderung der einzelnen Menschen zu einer Veränderung der Gesellschaft oder der Welt führen kann, und daß es gar keinen Sinn hat, bei den anderen anfangen zu wollen, bei den Kindern, der Familie oder wem auch immer. Man kann *nur* bei sich selbst anfangen, aber dort kann man. Es hat somit für den einzelnen auch keinen Sinn, zu warten, bis jemand anders etwas tut, er muß selbst anfangen. Sein Beitrag kann natürlich z. B. auch darin bestehen, Gesetze so zu schaffen, daß das Bemühen der einzelnen nicht sinnlos ist.

Aus dem oben Gesagten geht hervor, daß für einen Buddhisten die Interessen des einzelnen und die Interessen einer Gruppe nicht notwendigerweise ein Gegensatz, ein Entweder-Oder sein müssen. Sie sind es nur in einer Gesellschaft, in der die Menschen sich noch nicht auf den Weg aus ihrer Unwissenheit herausgemacht haben und sich noch abgetrennt vom Ganzen fühlen.

Die Kenntnis des Dhamma resultiert in einer großen Achtung vor allem Seienden, vor der ganzen Natur. Ein Buddhist hat keine Mühe mit ökologischem Denken, es gehört ja zu seiner Grundhaltung. Im Gegenteil, sein ökologisches Denken geht viel weiter als im Westen:

> »Er wird... niemanden seiner Freiheit berauben und Menschen, Tiere und auch leblose Gegenstände nicht als sein Eigentum, sondern als ihm vertraut betrachten – so als seien nicht sie seinetwegen, sondern er ihretwegen da« (W. Karwath).[3]

Beziehungen zwischen Wesen sollen in Achtung und Freiheit geschehen, ohne Übergriffe. Spätestens hier sollte es auch klar sein, daß die buddhistische Grundlehre nichts mit geschlechtsspezifischen Geboten oder Eigenschaften zu tun hat.

Diese Achtung gilt allem Seienden, es gibt deshalb auch keine Geringschätzung von Materie oder materiellen Gütern. In diesem Zusammenhang möchte ich auf das Phänomen der Zerstörungswut, z. B. bei Jugendkrawallen, hinweisen, die zum Teil so interpretiert wurden, als bedeuteten sie eine Absage an eine materialistische Kultur und Zeichen einer alternativen Geisteshaltung. Zerstörungswut hat aber nichts mit einer nicht-materialistischen Weltanschauung zu tun, im Gegenteil, sie ist der negative Pol zum anderen Extrem, der hemmungslosen materiellen Gier. Sie ist also genauso extremer Materialismus, einfach mit negativem Vorzeichen. Beide Extreme bedingen sich gegenseitig. Eine wirklich alternative Haltung wäre das Verlassen der beiden Polaritäten und das Finden einer Haltung, bei der man sich der Materie in Achtung und mit Maß bedient und sie weder für sich zusammenraffen noch vernichten will.

Die frühen Jäger-und-Sammler-Gesellschaften hatten übrigens eine ähnlich respektvolle Geisteshaltung den Tieren gegenüber, wenn sie den Geist der Tiere zuerst um Erlaubnis fragten und um Verzeihung baten, bevor sie ein Tier töteten, das sie für ihren Lebensunterhalt brauchten.

VI.
DIE VIER EDLEN WAHRHEITEN

Die Erkenntnis, die Buddha bei seiner Erleuchtung unter dem Pappelfeigenbaum erlangte, wird in vier Sätzen zusammengefaßt und traditionell die »Vier Edlen Wahrheiten« genannt. Diese lauten wie folgt:

1. Es gibt Leid im Leben / das Leben ist frustrierend, unvollkommen (Pali *dukkha*).
2. Dieses Leid entsteht durch Begierde / Durst / Sich-Anklammern, Egoismus.
3. Es ist möglich, sich vom Leid zu befreien.
4. Der Weg dazu wird gezeigt im sogenannten Achtfachen Pfad zum rechten Leben.

1.
Die Erste Edle Wahrheit

»Leiden«, »Leidhaftigkeit« sind Wörter, mit denen der Begriff *dukkha* traditionell übersetzt wird. Es sind aber Wörter, die in unserer Zeit kaum mehr zum Alltagswortschatz gehören. Wir haben heute »Frust«, »Depression«, »Schmerzen«, »Resignation«, »Unzufriedenheit«, »grauer Alltag«, »Freudlosigkeit«, »Unglück«, »Trauer«, »Sehnsucht«, »Angst«, »Aggression«, »Es stinkt mir«, und vieles andere. Die menschliche Existenz ist nicht vollkommen, und solche Gefühle gehören zum Leben. Dies ist mit »Leidhaftigkeit« gemeint. Bevor man nun aber Wege aufzeigt, wie ein glücklicheres Leben erwirkt werden kann, muß zuerst einmal der Ist-Zustand klar erfaßt werden. Man kann sich erst von seinem Leid, seiner Frustration oder was auch immer befreien, wenn man es überhaupt wahrnimmt, wenn man sich seines sehr mäßigen Glücks bewußt ist und es nicht mehr verdrängt. Bei der Ersten Edlen Wahrheit geht es deshalb nur um die Anerkennung der nüchternen Tatsache, daß die menschliche Existenz ihrer Natur nach Leid enthält: Weder Geburt noch Tod gehen ohne Schmerzen ab, und dazwischen gibt es viele andere Unzulänglichkeiten.

> »Dies, Mönche, ist die edle Wahrheit vom Leiden (dukkha): Geburt ist leidhaft, Alter ist leidhaft, Krankheit ist leidhaft, Tod ist leidhaft, Trauer, Jammer, Schmerz, Gram und Verzweiflung sind leidhaft; mit Unliebem vereint, von Liebem getrennt sein ist leidhaft; Begehrtes nicht erlangen ist leidhaft...«[1]

Die Anerkennung dieser Tatsache ist keine Frage des Optimismus oder Pessimismus, sondern ein Versuch, den Grundbedingungen des Lebens auf die Spur zu kommen. Mit der Geburt handelt man sich bereits das Altern und den Tod ein. Was immer dem Kreislauf von Entstehen und Vergehen unterliegt, ist unfrei, unerlöst, ist leidhaft. Das heißt nicht, daß das Leben nicht auch Freude enthielte, sondern daß neben aller Freude auch immer Leid da ist, weil der Mensch an der Vergänglichkeit leidet.

Zum Leben gehört Wandel, Veränderung, Vergänglichkeit. Der Mensch möchte sich aber an Zustände, Dinge oder Menschen klammern, wenn sie ihm angenehm sind oder Sicherheit bieten, wenn ihm etwas vertraut ist oder er etwas gewohnt ist. Dieses Anklammern und Festhalten gilt als die eigentliche Ursache des Leidens, denn wenn man sich nicht anklammerte, wäre der Wandel nicht leidhaft. Der Mensch möchte sich ans Glück klammern, wenn er es einmal hat, und ist dann unglücklich, wenn es wieder vergeht. Ja, er klammert sich sogar ans Unglück, wenn ihm die ungewisse Zukunft angst macht.

Den Wandel oder Fluß des Lebens kann man nicht aufhalten, er gehört zum Leben. Das Ziel eines Buddhisten kann es also nicht sein, sich gegen diese Veränderlichkeit zu stellen oder irgendeinen angenehmen Zustand festhalten zu wollen. Er möchte sich vielmehr innerlich so weit lösen von den Wechselfällen des Lebens und seiner Abhängigkeit von der Befriedigung seiner Wünsche, daß er einerseits die glücklichen Umstände seines Lebens genießen kann, andererseits aber nicht unglücklich wird oder außer Fassung gerät, wenn das Blatt sich wieder wendet oder etwas Erwünschtes nicht eintrifft. Er möchte ohne Angst, gelassen und heiter alles bewältigen können, was das Leben bringt. Je weniger er sich innerlich an Dinge, Verhältnisse, Menschen, Vorstellungen etc. klammert oder sich gar mit ihnen identifiziert, desto unabhängiger wird er von ihnen und desto eher kann er sie auch mit Freude als ein Geschenk annehmen, wenn sie in sein Leben treten.

Lange Zeit wurde dem Buddhismus von christlicher Seite vorgeworfen, er sei eine pessimistische Lehre, die im Leben nur das Leiden sehe, wo es doch eigentlich Freude sei. Diesen Vorwurf kann man wohl nur von einer sehr oberflächlichen Warte machen. Es kommt mir etwa so vor, wie wenn man einen Bekannten fragt, wie es ihm gehe, und er dann erwartungsgemäß mit »gut« antwortet, vielleicht sogar mit aufgesetzter Fröhlichkeit. Falls es dann zu einem vertrauteren Gespräch kommt, kann die ganze Fröhlichkeit plötzlich wie eine Maske fallen, und er ist mittendrin in seinen ernsthaften Lebensproblemen.

Der Mensch ist ein vielschichtiges Wesen; es kann einem gutgehen und gleichzeitig, wenn man an gewisse, im Augenblick vielleicht nicht akute Dinge erinnert wird, sehr schlecht. Oft möchte man das Leben gar nicht in seiner ganzen Tragweite erfassen, weil einem sonst so viel Leid bewußt würde, daß man es gar nicht ertragen könnte. Aber eine Befreiung davon gelingt nur durch einen Bewußtwerdungs- oder Loslösungsprozeß. Dies ist eine bekannte Tatsache auch in der westlichen Tiefenpsychologie und Psychotherapie: Verdrängen oder Nicht-wahrhaben-Wollen kann zwar eine Zeitlang nützlich sein und über etwas hinweghelfen oder -täuschen, ist aber langfristig keine Lösung.

Wenn der Buddhismus das Leben als leidhaft erkennt, heißt dies also eben gerade nicht, daß das Leiden verherrlicht würde oder daß es auch nur einen Sinn in sich selbst hätte, ganz im Gegenteil: Leiden ist zwar eine Möglichkeit, im Leben zu lernen, denn durch Schaden wird man bekanntlich klug, aber wenn man auch ohne Leiden zu Erkenntnis gelangen kann, um so besser. Das Leben ist wie eine Straße mit vielen offenen Löchern von Ablaufschächten, von denen die Deckel abgenommen sind. Nun kann man achtlos durchs Leben stolpern und immer wieder in einen Schacht hineinfallen. Dabei kann man sich die Knochen brechen, in eine schmutzige Brühe fallen und vielleicht nur mit großer Mühe wieder hochkommen. Warum es einem trotzdem immer wieder passiert, kann mehrere Gründe haben. Entweder man sieht die Löcher wirklich nicht, oder man will sie nicht sehen, weil sie nicht ins eigene Konzept passen; oder vielleicht lockt auch die Neugierde oder das Abenteuer, man fragt sich vielleicht, was dort unten ist, es fasziniert einen; oder man möchte seine Kräfte erproben und wissen, wie man da wieder herauskäme. Vielleicht will man gar nicht wahrhaben, wie dunkel und mühsam es dort unten ist, und glaubt es erst, wenn man es selbst erlebt hat. Man kann aber auch jeden Geschmack daran verlieren, immer wieder hineinzufallen, und deshalb versuchen, so achtsam zu sein, daß man die Fallgruben rechtzeitig wahrnimmt und ihnen ausweichen kann. Man muß überhaupt nicht jedesmal hineinfallen, wenn man es nicht will. Man braucht sich keine unnötigen Probleme zu schaffen, wenn es auch anders geht.

Viele Menschen vertreten die Meinung, man dürfe Problemen nicht ausweichen und müsse sich ihnen stellen. Es ist jedoch ein Unterschied, ob ich mich einem bestehenden Problem stelle und es zu lösen versuche oder ob ich mir das Problem zuerst schaffe, damit ich dann etwas zu lösen habe. Es gibt bekanntlich Menschen, denen es nicht wohl ist, wenn sie keine Probleme haben. Man hat dann nichts zu jammern und sich über nichts zu beklagen, vielleicht ist es einem auch zu langweilig. Oder man kommt sich mit seinen Problemen besonders edel vor, weil man leidet. Leiden oder sich Probleme machen wird dann zu so etwas wie einer Sucht, man kann nicht ohne sein.

Aus buddhistischer Sicht ist dies nicht sinnvoll. Das Leiden hat keinen Sinn an sich, vielmehr geben wir selbst dem Leiden einen Sinn. Man ist weder gottgefälliger noch edler, wenn man viel leidet. Wenn es für einen sinnlos geworden ist, ins Loch hineinzufallen, braucht man sich auch nicht mehr hineinzustürzen. Vielleicht entwickelt man dann die Fähigkeit, den Löchern auszuweichen oder von der Erfahrung anderer zu lernen. Deshalb ist Wahrnehmen, Bewußtwerden, Achtsamkeit so wichtig, man kann sich vieles damit ersparen.

Genausowenig wie das Leiden an sich einen Sinn hat, hat das Leben an sich einen Sinn. Das heißt, das Leben hat genau den Sinn, den wir ihm selbst geben, ob uns diese eigene Sinngebung bewußt ist oder nicht. Unser Leben hat also keinen Sinn, der ihm von außen gegeben würde, also zum Beispiel auch keinen gottgewollten Sinn, wenn unter Gott etwas von uns Außenstehendes gemeint ist. Dem Sprichwort »Durch Schaden wird man klug« wäre also hinzuzufügen: »Noch klüger ist es jedoch, ohne Schaden klug zu werden.«

2.
Die Zweite Edle Wahrheit

Sie gibt Auskunft darüber, wie dieses Leiden, diese vergängliche Existenz entsteht. Unsere irdische vergängliche Existenz mit Geburt und Tod wird ja in einem größeren Zusammenhang gesehen, in einem ewigen Kreislauf von immer wieder Sterben und Geborenwerden. Ewig ist dieser Kreislauf, solange die Menschen sich daraus nicht befreien können oder wollen. Die Wörter »Befreiung«, »Erlösung«, »Erleuchtung« bedeuten in diesem Zusammenhang alle das gleiche: Befreiung aus dem karmischen Kreislauf. Es gibt also ein Sein außerhalb dieses Kreislaufs, in anderen Dimensionen; das, was im Buddhismus Nirwana genannt wird.

Der Mensch ist geistigen Ursprungs, und die Wirklichkeit unserer materiellen Existenz in diesem Kreislauf ist nur eine Teil-Wirklichkeit. Unsere irdische, verkörperte, vergängliche Existenz entstand durch unseren Lebensdurst, durch den Willen, hier auf dieser materiellen Welt in einem materiellen Körper zu sein. »To go material«, könnte man auf englisch sagen. Der Grund, warum wir auf der Welt sind, ist nach buddhistischer Sicht demnach nicht ein materieller Grund wie zum Beispiel der, daß unsere Eltern uns gezeugt haben und eine Samenzelle und eine Eizelle zusammengekommen sind. Dies ist nur die materielle Zutat zu einer geistigen Ebene, und auf dieser braucht es einen Impuls, ein Verlangen, eine Begierde, vielleicht sogar eine Sucht, wie man es auch immer nennen mag und was für feinere Schattierungen dieser Impuls auch haben mag. Zwischen Sucht und Begierde besteht nur ein gradueller Unterschied.

> »Dies, Mönche, ist die edle Wahrheit von der Entstehung des Leidens: Es ist der Durst, der von Wiedergeburt zu Wiedergeburt führt, samt angenehmer Leidenschaft und Begier, die hier und dort seine Freude findet: Die Gier nach Lust, die Gier nach Werden, die Gier nach Verderben.«[2]

Oder mit den Worten eines Buddhisten unserer Zeit: Es ist »das Verlangen, der Wille zu sein, zu leben, aufs neue zu leben, immer mehr zu werden, immer mehr zu wachsen, immer mehr anzuhäufen«.[3]

Nicht daß dieser Impuls eine erste und einzige Ursache wäre – nach buddhistischer Sicht ist eine erste Ursache gar nicht möglich, da alle Prozesse zyklisch sind, alle Dinge relativ und einander gegenseitig bedingen. Aber es ist die unmittelbare Ursache. Dieses Verlangen oder dieses Wollen kann sich nicht nur auf materielle Ziele wie Reichtum richten. Es kann sich auch an sinnliche Vergnügen, Macht oder das Bedürfnis nach Wichtigsein heften, und es kann auch mentale Ziele haben wie das Festhaften an Vorstellungen, Idealen, Ansichten, Meinungen,

Glaubensrichtungen, Konzepten und so weiter. Dieses Verlangen, worauf es auch immer gerichtet ist, ist eine gerichtete Kraft, eine Energie, die nach dem Tode nicht vernichtet wird, sondern sich wieder eine neue Form sucht, um sich ausleben zu können.

3.
Die Dritte Edle Wahrheit

Es ist möglich, sich von der leidhaften Qualität des Lebens zu befreien, dem Kreislauf von Sterben und Geborenwerden zu entrinnen, das Nirwana zu erreichen (in der Pali-Sprache der alten Texte *Nibbana*). Diese Möglichkeiten aufzuzeigen ist das Ziel von Buddhas Lehre. Es geht Buddha ja nicht um irgendeine nutzlose Philosophie oder Spekulation über Gott und die Welt, sondern ganz nützlichkeitsbezogen um eine Erkenntnis, die den Menschen weiterhilft. Was den Menschen nicht weiterbringt, ist für ihn belanglos.

Für Menschen aus dem westlichen Kulturkreis ergeben sich hier gleich mehrere Schwierigkeiten. Die erste betrifft das Wiedergeborenwerden. »Wieso soll ich *nicht* mehr auf die Welt kommen wollen? Ich finde dieses Leben herrlich, ich möchte noch viel mehr erleben! Wenn ich noch einmal auf die Welt kommen könnte, möchte ich das gern, allerdings mit dem Wissen, das ich jetzt habe, ich möchte nicht nochmals von vorn anfangen.« Solche und ähnliche Kommentare habe ich oft gehört, und die Bedingung, daß man nicht mehr von vorn anfangen möchte, wurde immer gestellt. Aber wie dem auch sei, selbst wenn man wieder auf die Welt kommen möchte, bietet der Buddhismus wertvolle Anregungen zu einer positiven Lebensgestaltung. Vielleicht interessiert einen Buddhismus erst, wenn man das Gefühl hat, das Leben könnte noch optimaler verlaufen, oder wenn man mehr Zusammenhänge erfahren will.

Eine weitere Schwierigkeit ist die Meinung, die man in vielen kirchlichen Kreisen findet, nämlich daß es unerlaubt, ja eine eigentliche Gotteslästerung sei, sich selbst aus den Fallgruben zu ziehen, sich selbst zu befreien oder »erlösen« zu wollen. Dies sei eine anmaßende Selbsttäuschung des armen Würmleins Mensch, denn nur Gott könne die Menschen erlösen. Diese Meinung ist die Folge eines Gottesbildes, das sich Gott als unendlich weit entfernt (räumlich oder qualitativ) und erhaben über den Menschen als armen Sünder vorstellt, also eine Projektion sämtlicher edlen Eigenschaften ins Unendliche und Unerreichbare. Das Entweder-Oder-Weltbild kommt hier zum Ausdruck, der Gegensatz zwischen Mensch und Gott.

Für den Buddhisten ist ein Sowohl-als-auch mit vereinten Kräften am sinnvollsten. Auch bei uns gibt es das Sprichwort »Hilf dir selbst, so hilft dir Gott«. Aus buddhistischer Sicht wäre es gut, diese Gottesprojektionen auf sich selbst zurückzunehmen und all die Eigenschaften, die man Gott zuordnet, in sich selbst zu entwickeln und zu fördern. Mit anderen Worten gilt es, die Buddha-Natur, die allen Menschen innewohnt und die zugleich die wahre Natur und eigentlich eine natürliche Seinsweise ist, zu verwirklichen. Dies ist keine geringe Arbeit, und es braucht Zeit und Stille dazu. Meditation und Kontemplation – oder wie man die verschiedenen Techniken auch nennen mag – sind nicht einfach eine passive »Nabelschau«, wie das so oft bezeichnet wurde, sondern Prozesse, die sehr viel innere Disziplin, Achtsamkeit und Ausdauer erfordern.

4.
Die Vierte Edle Wahrheit

Wenn man sich von den Unzulänglichkeiten, vom Leiden des irdischen Daseins befreien möchte, sind gewisse Arten des Denkens und Handelns förderlicher als andere. Diese werden im sogenannten »Achtfachen Pfad zum Rechten Leben« beschrieben, von dem im nächsten Kapitel die Rede sein soll.

VII. DER ACHTFACHE PFAD ZUM RECHTEN LEBEN

Dies ist der Teil der buddhistischen Lehre, der konkrete Ratschläge gibt, wie man sich verhalten soll, will man auf dem Weg der Befreiung fortschreiten. Der Achtfache Pfad lautet wie folgt:

1. rechte Ansicht / rechte Einsicht
2. rechtes Motiv / rechte Gesinnung
3. rechte Rede
4. rechtes Tun
5. rechter Lebensunterhalt
6. rechte Anstrengung
7. rechte Achtsamkeit
8. rechte Konzentration / rechte Meditation

Alle Regeln fangen mit »recht« an. Darunter ist ganz allgemein zu verstehen: nicht einseitig, nicht ich-bezogen, sondern auf das Ganze bezogen, vollständig, was angemessen ist, was weder zwiespältig noch einseitig ist.[1] Buddhas Weg ist ein Weg der Mitte, der alle Extreme meidet.

Die ersten beiden Regeln beziehen sich auf das Denken und die Gesinnung. Für einen Buddhisten fängt das Tun nicht erst mit der Tat an, die Vorbereitungen für eine Tat finden immer im Denken statt, ob bewußt oder unbewußt.

Die Regeln drei bis sechs beziehen sich auf das sittliche Verhalten, und bei den letzten beiden Regeln geht es um ein Geistestraining, den Zugang zur spirituellen Dimension.

1.
Rechte Ansicht / rechte Einsicht

Hier gibt Buddha den Ratschlag, die Dinge möglichst wahrheitsgetreu so zu sehen, wie sie sind. Oft sieht man etwas so, wie es sein sollte, statt so, wie es ist. Um der Wirklichkeit nicht ins Auge blicken zu müssen, wenn sie einem nicht paßt, gibt es verschiedene psychische Abwehrmechanismen, wie z. B. verdrängen, nicht wahrhaben wollen, beschönigen, verleugnen etc. Auch wenn es keine absolute Objektivität gibt, so kann man doch mehr oder weniger objektiv sein, und es gibt graduelle Unterschiede bis hin zu verschiedenen Graden der Subjektivität. Letztere kann dann mehr oder weniger täuschend, verzerrend oder auf den eigenen Vorteil bedacht sein.

Die Tatsache, daß es keine absolute Objektivität gibt, heißt also nicht, daß man nicht versuchen soll, so objektiv wie möglich zu sein, und darf nicht als Vorwand dienen, seine eigene Subjektivität oder seinen eigenen Egoismus auf Kosten anderer auszuleben. Zu einem Sachverhalt kann man verschiedene Standpunkte einnehmen, und es ist sinnvoll, einen Sachverhalt von möglichst verschiedenen Seiten her zu betrachten. Dies gibt einem die Freiheit, selbst den Standpunkt wechseln zu können und sich nicht in eine bestimmte Ansicht zu verbeißen. Ein bekanntes Beispiel aus der Literatur hierzu ist die Geschichte Tom Sawyers von Mark Twain. Tom wird von seiner Tante dazu verdonnert, den ganzen freien Samstagnachmittag zu arbeiten und den Gartenzaun anzustreichen. Die Aussicht, allein zu arbeiten, während sich andere vergnügen, gefällt ihm gar nicht, und er überlegt sich, was er dagegen tun könnte. Schließlich versteht er es, Pinsel und Farbe stundenweise an seine Freunde zu verkaufen mit dem Hinweis, eine solch tolle Gelegenheit, den Pinsel zu schwingen und seine Kunstfertigkeit zu zeigen, bekämen sie so schnell nicht wieder. Seine Freunde reißen sich darum, und alle amüsieren sich königlich dabei. Aus Arbeit wird somit nicht nur vergnügliche und interessante Freizeitbeschäftigung, sondern Tom macht sogar noch ein Geschäft damit.

Um gewohnte Denkbahnen zu verlassen und eine Sache von einer anderen Warte aus anzuschauen, muß man das eigene Ego für einen Augenblick vergessen. Das bedeutet unter Umständen auch, seine tiefer liegende Unzufriedenheit und sein Mißbehagen wahrnehmen und es sich eingestehen. Man erhält dann ein abgerundetes Bild des ganzen Problems, und es eröffnen sich neue Lösungsmöglichkeiten.

Zur rechten Einsicht gehört auch das Verstehen der Grundlehren des Buddhismus, die dem Menschen helfen sollen, ihn von seinen Zweifeln, seinem Schwanken, seiner inneren Unsicherheit und dem Hängen an Regeln und Riten zu befreien.[2]

2.
Rechtes Motiv / rechte Gesinnung

Hier gibt Buddha den Rat, man solle sich seiner eigenen Motive zuerst bewußt werden, aus denen heraus man handelt. Die Motivationen sollen zuerst untersucht und die Gedanken gereinigt werden, die Gesinnung sollte klar sein, bevor man sich in Aktivitäten stürzt. Es geht darum, daß man weder sich selbst noch anderen etwas vormacht. Oft ist man sich seines Egoismus nicht bewußt, d. h., man merkt nicht oder will nicht merken, daß eine Tätigkeit unwürdigen Motiven entspringt und somit dazu dient, andere zu dominieren, denen man sogenannt »Gutes« tut, und daß dies sehr oft lieblos geschieht. Man kann sich oder anderen einreden, daß man etwas aus einem bestimmten Grund tut, z. B. aus einem sachlich begründeten, moralisch hochstehendem oder Gott wohlgefälligen Grund. Oder die Motive für das eigene Handeln können uneingestandene Schwäche oder Angst sein. In beiden Fällen kann man sein Tun als aufopfernde Handlung für die anderen darstellen. So kann sich z. B. in der Familie eine eigentliche Opferspirale herausbilden: Die Mutter hat das Gefühl, sie opfere sich für die Kinder oder für den Mann, wenn sie sich als Dienstmädchen sieht, das sozusagen nur den Bodenservice zu bieten hat, damit die anderen frisch gewaschen und gebügelt ausfliegen können. Vom Mann habe sie gar nichts, weil er abends immer müde nach Hause kommt und nicht mehr ausgehen möchte. Der Vater wiederum findet, er opfere sich für die Familie, indem er tagelang und jahrelang arbeite und sogar noch Überstunden mache, damit die Familie sich Ferien leisten könne. Die Kinder schlußendlich sagen, sie seien die Opfer der ganzen Situation gewesen, weil die Mutter zu Hause unzufrieden gewesen sei, der Vater keine Zeit gehabt habe und die Atmosphäre somit nicht friedlich gewesen sei. In einem solchen Gefüge erwartet jeder Dank von den anderen und hat das Gefühl, er käme eigentlich zu kurz. Es ist ein Spiel, das nur Verlierer, keine Gewinner kennt. Keiner überlegt sich oder gesteht sich und den anderen ein, welches seine wahren Beweggründe für seine Opferhaltung sind, daß einem vielleicht alternative Rollen zu wenig attraktiv oder zu mühsam erscheinen oder daß man Angst davor hat.

Vom buddhistischen Standpunkt ist es nicht sinnvoll, Opfer zu bringen. Wenn man sich als Opfernder sieht oder sich so geben möchte, können sich dahinter egoistische Tendenzen, menschliche Schwäche oder Angst verstecken. Die Opferbereitschaft ist dann eine reine Alibiübung, was spätestens dann für die »Beschenkten« zum Vorschein kommt, wenn von ihnen Dank in irgendeiner Form erwartet wird. Egoismus oder Schwäche werden oft als Opferbereitschaft getarnt. Es ist wichtig, diese Motivationen ans Licht der Bewußtheit zu holen und mindestens vor sich selbst zuzugeben. Nur so kann man mit ihnen sinnvoll umgehen, sie auch ablegen und sich neu orientieren. Opfer und Täter sind zwei Pole derselben Angelegenheit: Ohne Opfer kein Täter und umgekehrt. Es ist genausowenig sinnvoll, Opfer zu sein, wie Täter zu werden. Wer sich opfert, fordert einen Täter heraus und ist auf dieser Ebene für die Tat mitverantwortlich. Es geht darum, dieses weitverbreitete Opfer-Täter-Spiel zu beenden und zum unabhängigen, freien Menschen zu werden.

Buddha rät, sich immer sämtlicher Motive seines Handelns im klaren zu sein, sie zu ergründen und mit sich selbst ehrlich zu sein, bevor man etwas tut. Erst dieses Sich-klar-Werden über die eigenen Motive kann eine Haltungsänderung bewirken. Vielleicht tut man dann etwas nicht mehr, oder man tut es nun bewußt und aus innerer Überzeugung, weil man es tun will und weil man es richtig findet. Dann empfindet man sich aber nicht als Opfer und erwartet deshalb auch keinen Dank; denn das, was man tut, macht man mit Freude. Rechtes Motiv ist immer voller Güte, friedvoll und »ich-los«, d. h. ohne egoistische Tendenzen.

3.
Rechte Rede

Mit rechter Rede ist ein Reden gemeint, das nicht zu Haß, Feindschaft, Uneinigkeit oder Zwietracht führt. Das heißt also, keine Lüge, Schmähung, Verleumdung, Rede eines Heuchlers oder Schmeichlers, leeres Geplapper oder Klatsch. Es ist nicht gut, hier Gehörtes dort weiterzuerzählen, um Leute zu entzweien. Es ist auch nicht gut, niedere Instinkte anzuheizen, also z. B. Appetit auf Gewalt, Sensation oder sinnlose Flucht anzuregen. Statt dessen wird geraten, zur rechten Zeit, wohlwollend, den Tatsachen gemäß, wertvoll, mit passenden Gleichnissen zu reden, also auch darauf zu achten, daß man richtig verstanden wird. Die Worte sollen ehrenhaft, friedfertig und heiter sein.[3]

4. Rechtes Tun

Rechtes Tun bedeutet, daß man nie zum Schaden eines Wesens handeln soll. Auch soll man nicht leichtfertig oder bedenkenlos handeln oder Betriebsamkeit um jeden Preis veranstalten. Ebensowenig soll man sich blind fügen, denn aus Schwäche erwächst einem kein Gewinn, auch kein geistiger. Rechtes Tun ist furchtlos.[4]

Der Buddhismus kennt in diesem Zusammenhang fünf Sittenregeln ähnlich der christlichen Gebote. Diese sind als reine Empfehlungen gedacht: Es wäre besser, dies oder jenes zu tun oder zu lassen, wenn man auf dem Pfad zur Befreiung fortschreiten will. Jeder hat im Prinzip die volle Willensfreiheit, man wird nicht von einem Gott bestraft für seine Sünden, sondern man bestraft sich letztendlich selbst, da das Gesetz des Karma wirksam ist. Sittlichkeit ist auch nicht das Ziel, sondern nur die unabdingbare Vorstufe auf dem Weg zur Befreiung. Sittlichkeit ist immer relativ und darf deshalb nicht Selbstzweck sein, es ist also keine selbstgefällige Tugendhaftigkeit gefragt.

In jeder Situation soll den Umständen entsprechend richtig gehandelt werden, aus Einsicht heraus, »heilsam«, d. h. zum Wohl aller Beteiligten. Das Handeln soll nicht auf Gehorsam und blindem Befolgen von Geboten basieren, auch nicht auf dem blinden Befolgen der fünf Sittenregeln, sondern auf Einsicht, Verstehen und innerer Überzeugung. Da die fünf Sittenregeln nicht absolut sind, kann es vorkommen, daß man eine solche verletzen muß. Selbst Töten kann in einer bestimmten Situation erforderlich sein, z. B. wenn man Tiere zum Essen tötet oder aus Selbstverteidigung. Auch im Zusammenhang mit der Sterbehilfe stellt sich diese Problematik, und in der Weltliteratur ist sie ein häufiges Thema. Der amerikanische Autor John Steinbeck gibt in seinem Roman »Of Mice and Men« (»Von Mäusen und Menschen«) ein ergreifendes Beispiel. Hier tötet ein Mann aus Mitleid seinen guten und einzigen Freund, um ihn vor seinen Häschern zu retten. Diese spüren die beiden denn auch einige Minuten später auf, können ihren Plan aber nicht mehr ausführen, nämlich das Opfer zuerst auf grausame Art zu quälen und schließlich zu töten. Streng oder absolut genommen tötet man ja auch, wenn man einen Salat ißt oder wenn man Wasser trinkt, denn dann tötet man die Mikroorganismen im Wasser. Darum kann es also nicht gehen.

»Töten wird zum Töten nicht aus der Tatsache heraus; dann käme ich ja aus dem Töten überhaupt nicht heraus, jeder Schritt über die Erde hin, jeder Schluck Wasser machte mich zum Mörder, und der Buddha würde vergeblich lehren. Töten wird auch nicht zum Töten von einem göttlichen Richterstuhl aus, sondern Töten wird zum Töten von meinem eigenen Miterleben aus, von meiner eigenen Begehrlichkeit, meiner eigenen Ich-Sucht aus. Wenn ich töte, um mir selbst mehr Recht, mehr Platz zu schaffen, wenn ich töte aus Haß, aus Genußsucht, aus Roheit und aus Gleichgültigkeit usw., so ist das eben Töten, und die Entscheidung, ob Töten oder nicht, liegt nicht im sozialen Organismus und seinen Erscheinungen, noch im unerforschlichen göttlichen Ratschluß, sondern in meinem eigenen Begreifen, in der Art meines Begreifens der Wirklichkeit.«[5]

Auch die folgende Zen-Geschichte zeigt, daß es darum geht, in der jeweiligen Situation richtig zu handeln, in einem unabhängigen Geist, und nicht darum, eine Regel zu befolgen:

»Zwei Mönche wandern zu einem Kloster und müssen dabei einen Fluß überqueren. Am Flußufer bittet ein Mädchen, hinübergetragen zu werden, da die Strömung zu stark sei. Nun sollen aber Mönche Personen weiblichen Geschlechts nicht berühren. Trotzdem nimmt der eine Mönch das Mädchen auf den Rücken und trägt es hinüber. Der andere Mönch macht ihm nun auf dem weiteren Weg dauernd Vorwürfe, wie er so gegen die Regel habe handeln können. Als er damit auch am Ziel ihrer Wanderung nicht aufhört, sagt ihm der erste Mönch schließlich: ›Ich habe das Mädchen am Ufer abgesetzt – warum trägst du es noch immer?‹«[6]

Die Sittenregeln dienen als Orientierungshilfe, sie nehmen einem jedoch nicht die Eigenverantwortung ab. Letztendlich ist jeder für sein eigenes Tun und Lassen vor sich selbst verantwortlich und kann sich nicht auf das Befolgen eines Gebotes berufen.

Ganz allgemein geht es beim rechten Leben weniger um Moral als um das Erlangen von Weisheit. Der weise Mensch handelt nach eigener innerer Überzeugung und damit zugleich in Harmonie mit der kosmischen Ordnung, dem Dhamma. Alle Gedanken selbstsüchtigen Begehrens, des Übelwollens, des Hasses, der Gewalt und der Boshaftigkeit sind nur das Ergebnis von Unwissenheit, also von mangelnder Weisheit. Weisheit beinhaltet nicht nur intellektuelles Verstehen, sondern auch Reinheit der Gedanken und Gefühle und schließt immer auch Güte ein. Güte und Wohlwollen sind viel wichtiger als sittliche Zucht. Die fünf Sittenregeln raten:

1. nicht zu töten;
2. nicht zu stehlen, keine ungegebenen Dinge zu nehmen;
3. keinen unerlaubten Geschlechtsverkehr zu haben;
4. nicht zu lügen;
5. berauschende/süchtigmachende Mittel zu meiden.

Die zweite Regel wird in einem alten Text wie folgt formuliert: »Ein verständiger Jünger des Buddha soll an keinem Orte etwas nehmen, was ihm nicht gegeben worden ist; er soll auch keinen veranlassen, etwas zu nehmen, noch billigen, daß jemand etwas nimmt.«[7]

Zur dritten Regel, kein unerlaubter Geschlechtsverkehr, ist noch anzumerken, daß hier vor allem an Schutzbefohlene gedacht wird, also Kinder, Jugendliche oder Frauen, die sich nicht wehren können. Sex als Übergriff ist zu verwerfen, genauso wie andere Übergriffe in die Freiheit und Würde eines Menschen zu verwerfen sind. Sexualität als solche ist im Buddhismus weder gut noch schlecht, und sie sollte genauso von gegenseitiger Achtung und Wohlwollen geprägt sein, wie das einer buddhistischen Grundhaltung entspricht. Die Heirat z. B. gilt als eine private Abmachung zwischen zwei Individuen und hat nichts mit Religion als Weg zur Befreiung zu tun. Deshalb kennt der ursprüngliche Buddhismus auch keine religiösen Trauzeremonien. Dies ist der Grund, warum in buddhistischen Ländern für Trauzeremonien oft Riten anderer Religionen angewendet werden, unter anderem auch von christlichen.

Keuschheit als Tugend oder Verbot der Empfängnisverhütung, zentrale Themen etwa im Katholizismus, sind im Buddhismus keine heißen Themen, denn sie unterstehen den gleichen Verhaltensregeln, wie sie generell für den Umgang mit Mitmenschen und Wesen ganz allgemein gelten. Auch Abtreibung kann vom buddhistischen Standpunkt nicht grundsätzlich verurteilt werden, denn die Würde der Frau ist zu respektieren. Die Achtung und der Respekt vor dem individuellen Leben und seiner Selbstbestimmung – hier also vor dem der Frau – ist das, was das biologische Leben erst menschlich macht. Wenn das Vorhandensein eines embryonalen Körpers oder nur dessen Teile wie Finger- und Zehennägel als Vorwand dienen, Machtansprüche, Demütigung oder Verachtung durchzusetzen, ist dies zugleich Ausdruck einer extrem materialistischen Geisteshaltung und hat nichts mit dem Respekt vor dem Leben zu tun.

Für Mönche allerdings besteht das Gebot der Keuschheit, denn es ist ja eine Art Training, bei dem eine Spitzenleistung von ihm gefordert wird und bei dem es auch darum geht, das Wesen der Begierden zu erkennen und sich von ihnen zu befreien. Wenn er sich dazu nicht berufen fühlt, kann er jederzeit in Ehren ins Weltleben zurückkehren.

Die Betonung der Eigenverantwortlichkeit und der Relativität der Sittlichkeit, die Tatsache also, daß man sich letztendlich nicht an ein Gebot klammern und seine Tat mit Gehorsam rechtfertigen kann, läßt oft die Frage stellen, was denn im Buddhismus überhaupt ein guter Mensch sei. Diese Frage wurde mir oft gestellt, offenbar hängt bei uns die Frage von Gut und Böse eng mit Gehorsam zusammen; d. h., ein guter Mensch ist einer, der die Regeln der Gesellschaft und der Religion befolgt, sich unterordnet und damit Gott wohlgefällig ist.

Im Buddhismus geht es jedoch nicht um Gehorsam, und es geht letztendlich auch nicht um Gut und Böse, sondern um »rechtes« Tun. Gehorsam verhindert Eigenverantwortung und individuelle Entwicklung. Ein Buddhist muß aber sein Tun vor sich selbst verantworten können, nicht vor einem Gesetz, einem Dogma oder einer Obrigkeit. Gehorchen tut man aus Angst vor Strafe, denn sobald man etwas aus innerer Überzeugung tut, ist es kein Gehorsam mehr, sondern man tut es freiwillig aus der Einsicht und Erkenntnis heraus, daß es richtig ist.

Das Gegensatzpaar Gut-Böse kommt denn auch im Buddhismus selten vor; viel eher wird der Begriff »heilsam« verwendet, was den anders gelagerten Schwerpunkt andeutet: Alles, was Friede, Ruhe, Harmonie erzeugt, was geistig gewinnbringend ist, d. h. zur Erkenntnis, Weisheit und Wohlbefinden für sich und andere führt, ist heilsam. Gesundheit und materieller Wohlstand sind ein Nebenprodukt davon, und materieller Wohlstand ist keine Sünde. Reichtum ist nicht an sich gut oder böse, man kann seinen Reichtum auf ehrliche und unschädliche Art und Weise erworben haben oder auch nicht, und man kann ihn benützen, um anderen zu helfen oder auch nicht.

Unabhängigkeit und Selbstverantwortung sind auch im materiellen Bereich erstrebenswert, und es führt einen nicht weiter, wenn man sich abhängig macht und damit andere dazu zwingt, für einen aufzukommen. Man gerät so in ein Opfer-Täter-Verhältnis oder in sonst eine Verstrickung hinein, die unfrei macht. Eine scheinbare Ausnahme bilden hier die Mönche, die außer ihren wenigen privaten Habseligkeiten nichts besitzen dürfen und selbst ihr Essen erbetteln müssen. Die Mönche haben in der buddhistischen Gesellschaft die Funktionen von Lehrern (wo es noch keine staatlichen Schulen gibt), Pfarrern, Psychotherapeuten, Meditationslehrern, Fürsorgern und allgemeinen Ratgebern. Für ihre Dienstleistungen erhalten bzw. verlangen sie aber keinerlei Lohn. Daß diese Dienstleistungen jedoch sehr geschätzt werden, zeigt die Tatsache, daß die Leute freiwillig und mit Freude Essensgaben spenden, ja daß sie es sogar als Privileg betrachten, einem Mönch zu essen geben zu können.

Daß es bei einer Religion nicht um Moral, Gebote und Gehorsam geht, erwartet ein westlicher Mensch im allgemeinen nicht. Der Buddhismus hat denn auch in seiner ganzen Ausrichtung und Atmosphäre weniger mit einer Religion im westlichen Sinn gemein als mit einer Art geistigem Fitneßcenter mit Therapie, Sauna und Massage: Es geht darum, daß man sich vom Leiden befreien kann, daß man sich wohl fühlt, gesund wird und neue Einsichten gewinnt.

Auch die fünfte Regel, keine suchtmachenden Mittel zu sich zu nehmen, ergibt sich aus den grundsätzlichen Lehren des Befreiungsweges: Sucht macht in höchstem Maße abhängig und damit unfrei; sie bedeutet eine übermäßig gesteigerte Haltung des Anhaftens; außerdem kann man die Verantwortung für sein Tun nicht mehr übernehmen, wenn dazu noch das Bewußtsein getrübt ist.

Buddha gab auch konkrete Anweisungen in bezug auf die sozialen Beziehungen, so z. B. zum Verhältnis zwischen Eltern und Kindern, Eheleuten, Lehrer und Schüler, Herr und Diener, Mönchen und Laien und unter Freunden und Verwandten. Diese sind im Sinn und Geist der Grundlehre gehalten, aber von den Sitten und Bräuchen der damaligen Zeit gefärbt.[8]

5.
Rechter Lebensunterhalt

Mit dieser Regel erklärt Buddha, es sei besser, sein Leben mit einer Tätigkeit zu verdienen, die anderen Lebewesen nicht schadet. Was man vor allem vermeiden sollte, sind folgende Tätigkeiten:

- Handel mit todbringenden Waffen;
- Handel mit berauschenden / süchtigmachenden Mitteln;
- das Töten von Tieren und der Handel mit Schlachttieren;
- Betrügereien, andere anschwärzen oder schädigen und so sein Geld verdienen.

Allgemein rät Buddha also von Berufen ab, bei denen man aus unsittlichem Verhalten oder im Verletzen der fünf Sittenregeln Nutzen zieht. Diese Tätigkeiten sind nicht geeignet, wenn man Befreiung erlangen will.

Zum Töten und Essen von Tieren gilt folgendes: Fleisch essen ist nicht verboten, es kann sogar unter Umständen nötig sein. Nahrung, die gewonnen werden kann, ohne tierisches Leben zu vernichten, erhält jedoch den Vorzug. Buddha riet z. B. den Mönchen zu vermeiden, daß ein Tier eigens für sie getötet werde. Sie sollten nicht nach Fleisch verlangen an einem Ort, wo keines gegessen wird. Wenn man Tiere tötet, so soll man dies leidenschaftslos, ohne Haß und Gier, auf die humanste Weise tun. Es geht also allgemein um ein Maßhalten und Sich-Zurückhalten mit Handlungen, die mit Töten verbunden sind.

In unserer westlichen Welt sind das Töten von Tieren und das Essen von Fleisch säuberlich getrennt. Wir sind gewohnt, daß das Fleisch schön in Stücke geschnitten oder verwurstet in den Auslagen liegt, so daß man kaum mehr an das Schlachttier erinnert wird. Vermutlich würde bei uns sehr viel weniger Fleisch gegessen, wenn man die Tiere selbst töten oder beim Töten zuschauen müßte. Viele Leute können tatsächlich kein Fleisch mehr essen, nachdem sie einmal auf dem Schlachthof zugeschaut oder auch nur eine Fernsehsendung darüber gesehen haben. Die buddhistische Regel über das Töten und Essen von Tieren wird dann leicht nachvollziehbar.

In diesem Zusammenhang sei noch auf den westlichen Brauch der Tierversuche hingewiesen, wie sie z. B. in der Schweiz in letzter Zeit mehr als einmal zur Volksabstimmung geführt haben. Aus buddhistischer Sicht ist die Frage des Tierversuches ganz klar mit Nein zu beantworten, insofern es sich eben um Quälen handelt. Dies ergibt sich nicht nur aus der Regel des Nicht-Tötens und der Tatsache, daß zwischen Mensch und Tier nicht ein so grundsätzlicher Unterschied gemacht wird, da beides »Wesen« sind. Es läßt sich vor allem folgern aus dem Dhamma, nach dem man keinem Wesen Schaden zufügen kann, ohne letztlich nicht auch sich selbst zu schaden, und nach dem jedes Lebewesen um seiner selbst willen da ist. Es ist also aus grundsätzlichen Erwägungen gar nicht möglich, daß der Mensch Nutzen ziehen kann aus dem Quälen von Tieren oder daß das Quälen von Tieren eine notwendige Voraussetzung für das Herstellen einer Medizin sein könnte.

6.
Rechte Anstrengung

Hier geht es um eine geistige Anstrengung, die sowohl Gedanken als auch Gefühle bzw. Emotionen umfaßt. Unsere eigenen Gedanken und Gefühle sind der Stoff, mit dem wir unseren Geist füllen, von dem wir erfüllt sind und von dem wir uns geistig ernähren. Auf der Körperebene sind wir an Sauberkeit gewöhnt, wir waschen uns jeden Tag und putzen die Zähne, und das lernen wir schon als kleine Kinder. Geistiges Zähneputzen hingegen wird uns nicht von Kindesbeinen an gelehrt, und die wenigsten Erwachsenen tun es regelmäßig, was wieder zeigt, daß wir sehr materiell ausgerichtet sind und uns nicht um unser geistiges Wohlbefinden und unsere geistige Gesundheit kümmern. Wir nehmen uns keine Zeit, gewahr zu werden, womit wir unseren Geist vollstopfen und damit unbewußt prägen oder gar schädigen.

Bei der rechten Achtsamkeit geht es um ein bewußtes Reinigen des Geistes und um ein Kultivieren von Gedanken und Gefühlen. Gute, heilvolle Geistesverfassungen sollen hervorgebracht oder, falls sie schon vorhanden sind, gepflegt, bewahrt und weiterentwickelt werden. Schlechte, unheilvolle Geistesverfassungen sollte man möglichst gar nicht aufkommen lassen oder, wenn sie schon da sind, sich von ihnen befreien. Schlechte Gedanken sind zum Beispiel, wenn man über jemanden Schlechtes denkt, jemandem übelwill oder jemanden ausnutzen will. Dabei ist es gleichermaßen schädlich, wenn man schlecht von sich selbst denkt oder diese Gedanken auf jemand anderen richtet. Das Schlechte ist in beiden Fällen im eigenen Geist vorhanden, es verunreinigt den eigenen Geist. Schlechte Gedanken im Kopf sind genauso schädlich wie schlechtes Essen im Magen. Sie stören die Harmonie des Geistes und der Gefühle und schaden einem damit selbst. Allgemein gilt, daß man sich anstrengen sollte, den Menschen und Dingen möglichst unvoreingenommen und affektfrei gegenüberzutreten und kein Gefühl des Verlangens oder der Abneigung in sich aufkommen zu lassen.

Zur rechten Anstrengung gehört auch das Einüben folgender Eigenschaften, die im Buddhismus einen wichtigen Stellenwert haben: Wohlwollen (auch mit Güte oder unbegrenzter Liebe übersetzt; *metta*), Mitgefühl (*karuna*), Mitfreude (*mudita*) und Gleichmut (*upekkha*). Wohlwollen ist ein zentraler Begriff im Buddhismus, es ist das oberste Prinzip in der Haltung zum Mitmenschen und entspricht dem Begriff der Liebe im Christentum. Die Übersetzungen ziehen oft das Wort Wohlwollen vor, um die Mißverständnisse zu vermeiden, die mit dem schillernden Begriff Liebe verknüpft sind.

Das Wort Liebe ist so ziemlich das am meisten mißverstandene Wort in unserer Sprache. Was wird nicht alles im Namen der Liebe, unter dem Vorwand oder unter dem Deckmantel der Liebe gemacht. Liebe wird von den meisten Leuten als emotionale Haltung verstanden, d. h., sie ist das Gegenteil von Haß und kann deshalb auch leicht in Haß umschlagen; man denke etwa an Leute, die sich scheiden lassen. Am häufigsten gebraucht wird das Wort Liebe im Verhältnis zum anderen Geschlecht, im Sinne von »eine engere Beziehung zu jemandem haben«. In diesem Sinne kann man nicht alle Leute lieben, sonst könnte man ja einfach seinen Nachbarn oder irgendeine/n Mann/Frau von der Straße heiraten.

Auf der anderen Seite sagt die Religion, man solle den Nächsten lieben wie sich selbst. Die Widersprüche liegen also auf der Hand. Liebe im gängigen Sinn ist meist mit Besitzdenken verknüpft, man möchte das Geliebte, ob Person oder Sache, besitzen, was sich dann als Eifersucht zeigen kann, wenn eine Rivalität hinzukommt. Wohlwollen hingegen ist frei von all diesen Assoziationen, es ist frei von Emotionen und Bindungen. Es bedeutet eine grundsätzlich positive Geisteshaltung gegenüber anderen, ohne Zuneigung, aber auch ohne Haß. Wir sollen dem Mitmenschen in Güte begegnen, ihn so leben lassen, wie er es selbst richtig findet, und ihm helfen dabei, falls er dies wünscht. Dabei erwartet man keinen persönlichen Vorteil und keine Gegenliebe. Es ist aber nicht nötig, »seines Bruders Hüter« zu sein und sich in seine Angelegenheiten einzumischen, sondern seine Eigenständigkeit und Privatsphäre zu achten. Wohlwollen ist eine sehr tolerante und bewußte Geisteshaltung und hat nichts zu tun mit einem affektiven oder emotionsgeladenen Zugehen auf den Mitmenschen, Umarmungen oder demonstrativen Beteuerungen von Brüderlichkeit.

Das Einüben von heilsamen Geisteszuständen ist eine Art meditatives Geistestraining. Bei diesen Übungen beginnt man im Geiste immer bei sich selbst: Man versucht, sich selbst gegenüber wohlwollend zu sein, sich selbst mit all seinen Fehlern und Schwächen anzunehmen. Dann kann man diese Haltung auf die nähere und weitere Umgebung übertragen, die Familie, die Nachbarschaft, das Dorf. Schlußendlich sollte man so weit kommen, daß man nicht mehr unterscheiden kann, ob etwas Gutes einem selbst oder jemand anderem geschieht, denn man sollte sich über beides gleichermaßen freuen können. Dies ist ein Punkt, der oft auf Unverständnis stößt. Wie soll man sich z. B. in unserer Berufswelt freuen, wenn nur einer von mehreren gleich guten Bewerbern die Stelle bekommt und man selbst leer ausgeht? Das Problem besteht hier nicht zuletzt darin, daß wir aus unserer Entweder-Oder-Sichtweise eine Welt schaffen, die stark von diesem Entweder-Oder geprägt ist. Eine Sowohl-als-auch-Ordnung wäre eine, in der es Jobs für alle gäbe, in der man zu einer sinnvollen Verteilung finden könnte, zu einem Leben und Leben-Lassen.

Eine Sowohl-als-auch-Ordnung müßte aber zuerst einmal im Geist gedacht werden können, bevor sie in der Realität machbar ist, und dazu braucht es bereits Wohlwollen. Es braucht den Wunsch, daß es den andern auch so gut gehen möge wie einem selbst. Ein buddhistischer Wunsch im Zusammenhang mit dem Hervorbringen von Wohlwollen lautet: »Möge es allen Wesen wohlergehen, mögen alle Wesen glücklich sein.«

Die Tatsache, daß man immer zuerst bei sich selbst anfängt, d. h. zuerst sich selbst gegenüber Wohlwollen zeigen soll, wird im Westen von religiöser Seite oft als egoistisch bezeichnet. Mit der Entwicklung der Tiefenpsychologie und den verschiedenen Arten von Psychotherapien hat diese Praxis unterdessen bei uns auch Eingang gefunden. Es wurde erkannt, daß das Hauptproblem gar nicht so sehr darin liegt, daß man die anderen nicht mag, sondern daß man sich selbst ablehnt: Liebe deinen Nächsten wie *dich selbst*, mit dieser Betonung. Diese Aussage von Jesus wird bei uns allzuoft nur auf dem »Schleckstengel-Niveau« verstanden, wie ich es nennen möchte. Das heißt, man soll dem anderen auch einen Schleck von seinem Schleckstengel oder irgendeinem oberflächlichen Genuß gönnen, und damit hat man dem

Gebot Genüge getan. Diese Verständnisebene entspricht Menschen, die sich abgetrennt nur als kleine Egos auf dem Wasser schwimmend erfahren und somit auch die anderen nur als Egos wahrnehmen können, deren Ego-Wünsche sie dann erfüllen. Bei sich selbst anfangen heißt aber, sich selbst nicht nur als Ego wahrnehmen, sondern als Individuum mit einem Bezug zum Ganzen. Erst dann kann man auch den anderen in seiner Individualität und Ganzheitlichkeit wahrnehmen. Dies bedeutet schlußendlich, sich selbst gegenüber trotz – oder gerade wegen – aller Fehler wohlwollend sein und sich bis in die Tiefe seines Seins achten. Nur aus dieser Haltung kann man auch andere in ihrer ganzen Tiefe wahrnehmen und mit all ihren Fehlern annehmen und achten. Wer soll mich lieben, wenn nicht einmal ich selbst mich liebe? Und wie soll ich jemand anderem in einem tieferen Sinne wohlwollend gegenübertreten können, wenn ich nicht einmal mir selbst und meinen Fehlern gegenüber wohlwollend sein kann? Wohlwollen und Achtung gehören zusammen, und es fällt auf, wieviel Achtung Buddhisten nicht nur Menschen, sondern auch Tieren und Dingen entgegenbringen. Fehler und Schwächen lassen sich nur korrigieren, wenn man ihnen mit Wohlwollen und in aller Liebe begegnet, gleich wie ein kleines Kind nur lernen kann, falls es keine Angst vor Strafe und Liebesentzug zu haben braucht, wenn es Fehler macht.

Auch Mitgefühl oder Mitleid sollten gleichermaßen wie das Wohlwollen auf emotionsfreie, gelöste Art entgegengebracht werden. Wenn man also jemandem helfen will, sollte man nicht emotional für ihn Partei ergreifen, sondern Mitgefühl für seine Lage zeigen und dann, falls notwendig und gewünscht, mit kühlem Kopf und Verstand, ruhig und neutral handeln, etwa so wie ein Chirurg, der etwas Schädliches erkennen und herausschneiden muß.

Mitfreude ist das Gegenstück zu Mitleid; sie ist die Fähigkeit, sich über das Wohlergehen, das Glück und den Erfolg anderer freuen zu können, ohne Eifersucht und ohne Neid. Es hängt eng mit Wohlwollen zusammen, wie das Beispiel mit der Stellensuche zeigte.

Gleichmut als vierte dieser erstrebenswerten Eigenschaften bedeutet ein bewußtes geistiges Gleichgewicht, eine emotionsfreie Parteilosigkeit, eine gewisse Losgelöstheit. Es geht darum, nicht einseitig zu sein, im Gleichgewicht zu sein, sich nicht so leicht aus der Fassung bringen zu lassen, über der Sache zu stehen.

»Nicht soll unser Denken aus der Fassung geraten, und nicht wollen wir ein böses Wort äußern. Freundlich und mitleidvoll wollen wir weilen mit einem Denken voller Güte, ohne innere Abneigung. Nachdem wir jene Person mit einem Geiste voller Güte durchdrungen haben, wollen wir (in diesem Zustand) verweilen. Nachdem wir, damit beginnend, die ganze Welt mit einem Geiste voller Güte, mit entfaltetem, geweihtem, grenzenlosem, friedlichem, nicht bindendem Geiste durchdrungen haben, wollen wir (in diesem Zustand) verweilen.«[9]

7. und 8.
Rechte Achtsamkeit, rechte Konzentration / Meditation

Diese beiden Regeln betreffen beide ein Bewußtseinstraining, das man als Meditation im weitgehenden Sinn bezeichnen kann. Für einen Buddhisten fängt Religion eigentlich erst hier an. Alle anderen Regeln sind nur Vorstufen dazu. Hier geht es nun nicht mehr um konkrete Anweisungen für das Denken und die Aktivitäten im Alltag, sondern um das Bewußtwerden der emotionalen und mentalen Prozesse. Dadurch erreicht man Befreiung und Beherrschung von diesen meist unbewußten Vorgängen. Es geht darum, eine höhere Dimension zu erschließen, seine geistigen Wurzeln zu finden, es geht um Selbstentdeckung, Selbstverwirklichung, Spiritualität oder wie man das auch nennen mag.

Im Westen besteht eine große Unsicherheit in bezug auf diese Begriffe, da eine starke Tendenz vorhanden ist, alle neuen Wörter dieser Art sofort in den Schmutz zu ziehen und lächerlich zu machen, was dann ein Verständnis stark erschwert. So stand z. B. kürzlich in einer größeren Deutschschweizer Tageszeitung, irgendeine Organisation sei als sektiererisch zu bezeichnen, weil sie davon ausgehe, daß der Mensch das Göttliche in sich trage und mit göttlicher Inspiration ausgestattet sei. Oder man kann immer wieder lesen, daß Selbstverwirklichung und Frauenemanzipation purer Egoismus und etwas Abartiges seien. Um das auch ja den Frauen klarzumachen, wurde der abschätzige Begriff »Emanze« geprägt, ein Begriff, der übrigens im englischen Sprachraum nicht vorkommt. Oder eine kleine christliche Gemeinschaft verschickt Traktätchen, in denen Meditation, Fußreflexzonenmassage, Akupunktur und autogenes Training als des Teufels angeprangert werden; und von Zeit zu Zeit höre ich von Schülern und sogar Lehrern, Meditation sei etwas Böses oder Gefährliches, das man nicht tun dürfe (Region Zürich, Ende des zwanzigsten Jahrhunderts; spirituelle Steinzeit?). Die öffentliche Meinung scheint innere Entwicklung zu fürchten wie der Teufel das Weihwasser. Auch hört man manchmal, Meditation sei eine fernöstliche, uns fremde Sitte, die nichts mit unserer eigenen Kultur zu tun habe. Meditieren hat aber ebensowenig mit Kultur zu tun wie Denken, Gehen oder Schlafen.

Zurück zum Buddhismus: Es gibt keinen Buddhismus ohne praktische Übung, und diese wird im allgemeinen Meditation genannt. Dabei gibt es unzählige Techniken und Methoden, die im Laufe der Jahrhunderte und Jahrtausende entwickelt worden sind, und der Buddhismus ist auch hier nicht ausschließend: Es gibt nicht nur eine Technik, sondern »viele Wege führen nach Rom«, wobei bestimmte Arten für bestimmte buddhistische Richtungen typisch sind.

Meditieren bedeutet innehalten, gewahr werden, spüren, bewußt werden, und warum diese Fähigkeiten so wichtig sind, ist eigentlich ganz plausibel: Je mehr man weiß oder sieht, was in einem und um einen vorgeht, desto sinnvoller, gezielter und situationsgerechter kann man handeln. Ein Blinder, der im Dunkeln tappt, kann keine Gefahr sehen und ihr somit auch nicht ausweichen; er kann auch nicht handeln oder eine Möglichkeit ergreifen, wenn er diese nicht sieht. Die Wahrnehmung der äußeren Möglichkeiten ist aber immer verbunden mit einem Wahrnehmen der inneren Möglichkeiten. Oft kann man von einer äußeren Möglichkeit keinen Gebrauch machen, weil man sich nicht getraut oder weil andere Schranken da sind. Wenn wir uns an die Graphik mit den drei Spitzen erinnern, so geht es darum, immer mehr von sich selbst auszuloten, immer mehr seine eigenen Möglichkeiten, Motivationen, Emotionen, Ängste, Denkschemen etc. bewußt wahrzunehmen. So kann man sich von vielem Ballast befreien, allerlei Unrat ausräumen, von dem man gar nicht wußte, daß man ihn mit sich herumtrug. Letztlich kann man sein Ego als getrennte Einheit aufgeben. Eigenständigkeit, Vertrauen in sein eigenes Urteil und sein eigenes Gefühl und Furchtlosigkeit entstehen. Meditation ist also nicht Selbstzweck, sondern ein Mittel zur Befreiung, und ihr Wert zeigt sich darin, ob sie dem Wohlergehen zuträglich ist.

Eine meditative Haltung kann man nicht nur in der Meditation einnehmen, sondern auch bei seinen alltäglichen Verrichtungen. Es ist eine bewußte Haltung bei allem, was man tut. Man kann alltägliche Tätigkeiten und damit die unmittelbare Gegenwart mehr genießen, wenn man alles ganz bewußt und achtsam tut. Man kann auch banale Verrichtungen wie Händewaschen, Unkraut jäten oder selbst aufs WC gehen genießen, wenn man sie voll bewußt macht und sich hineingibt. Voll bewußt heißt nicht selbst-bewußt (ego-bewußt), denn dies macht einen befangen, sondern es heißt, daß man sich selbst als abgetrennte Person vergißt dabei; wie ein Kind, das selbstvergessen und versunken spielt, aber mit seinem ganzen Wesen dabei ist. Wer schon einmal einen Vortrag in der Schule oder eine Rede vor einem Publikum halten mußte, weiß, was es heißt, wenn man plötzlich seiner selbst bewußt wird (»Ich halte jetzt eine Rede, und alle sehen mich an«) und dann nicht mehr weiterweiß. Sobald man sich selbst vergißt und sich völlig hineingeben kann, fließt auch die Rede. Die Achtsamkeit im täglichen Tun ist ein Teil der siebten Regel Rechte Achtsamkeit. Der Übergang zur achten Regel der Rechten Meditation ist aber fließend, denn bei beiden Regeln geht es um die Erhöhung der Achtsamkeit.

Die meditativen Übungen finden im Osten meist im Schneidersitz oder Lotossitz statt. Sitzen mit gekreuzten Beinen ist im Osten eine traditionelle, häufige und bequeme Sitzhaltung. Es bedeutet also nicht, daß man nur im Schneidersitz meditieren kann. Allzuoft wird hier die Form mit dem Inhalt verwechselt. Die Form kann zwar einen Einfluß auf den Inhalt haben, und diese Tatsache macht sich das Yoga zunutze, indem mit gezielten Körperhaltungen bestimmte Geisteshaltungen hervorgerufen werden. Yoga- und Meditationspraktiken werden oft miteinander verbunden. Bei der eigentlichen Meditation geht es jedoch darum, den Körper möglichst bequem zu lagern, damit man längere Zeit reglos bleiben kann, ohne daß die Gedanken um eine unbequeme Körperposition kreisen müssen und damit vom eigentlichen Ziel der Übung ablenken. Es ist dabei von Vorteil, wenn der Rücken gerade ist, vor allem bei den Atemübungen. Ein Stuhl mit einer guten Lehne ist für westliche Menschen wohl das geeignetste.

Es werden auch Meditationsformen beschrieben, bei denen man nach Belieben sitzen, auf und ab gehen oder liegen kann. Der Hauptnachteil beim Liegen besteht wohl darin, daß man leicht einschläft, besonders, wenn man schon müde ist oder noch nicht ans Meditieren gewöhnt ist. Andererseits kann man aber gerade am Morgen beim Erwachen noch im Liegen in einen sehr tiefen, klaren Bewußtseinszustand kommen. Man kann dann die Stille des Schlafzustandes, d. h. den verlangsamten Atem und die regelmäßige Hirntätigkeit, gleich zum Meditieren benutzen. Auch vor dem Einschlafen oder nachts geschieht es immer wieder, daß man einige Zeit wach liegt. Wenn man diese Zeit, auch wenn es nur einige Minuten sind, jeweils zum Gewahrwerden nutzt, gewinnt man schon sehr viel. Die meisten westlichen Menschen führen ein hektisches Leben und haben weder die Zeit noch die Ruhe, sich während des Tages irgendwo still hinzusetzen. Es braucht auch immer noch den Willen dazu, und dieser fehlt oft. Im Bett hingegen ruht man und hat Zeit.

In buddhistischen Ländern sind Klöster geistige Zentren, die auch von Laien aufgesucht werden, und Mönche sind hoch geachtet, weil sie einen Bewußtheitsgrad, eine Wissensklarheit und eine Weisheit erreicht haben, die sie anderen zur Verfügung stellen können. Oft kehren sie nach längerem Klosteraufenthalt ins weltliche Leben zurück. Ein Gelübde auf Lebenszeit gibt es nicht, denn ein solches würde die freie Entwicklungsmöglichkeit eines Individuums einschränken. Auch Wirtschaftsfachleute und Regierungsangestellte benutzen die Dienstleistungen eines Klosters. Ein thailändischer Regierungsangestellter zum Beispiel hat das Recht, mindestens einmal während seines Lebens für drei Monate in ein Kloster zu gehen, weil das auch für die Ausübung seiner Arbeit als wertvoll erachtet wird.

Es gibt nicht nur verschiedene Meditationsarten und -praktiken, sondern auch verschiedene Geistes- und Bewußtseinszustände, die man damit erreichen kann. Entspannung und Beruhigung des Geistes bilden bei allen Praktiken die Vorstufe. Dann fragt sich, wohin die Bewußtseinsreise gehen oder was bezweckt werden soll; denn das Bewußtsein kennt unendlich viele Räume, so wie der Kosmos unendlich ist. Das Gleichnis mit dem Gehirn als Fernseher ist hier nochmals angebracht: Das Gehirn ist der Empfänger oder das Fernsehgerät, und die Frage stellt sich, was für Programme man empfangen bzw. selbst gestalten kann. Je trainierter das Bewußtsein, desto mehr Programme können empfangen werden und desto kreativer wird man selbst. Yogis und andere nicht-buddhistische Traditionen etwa streben eine so vollkommene Beherrschung des Körpers und seiner Funktionen an, daß sie verschiedene unglaubliche Dinge tun können wie z. B. Gift trinken, ohne daß es in ihr Blut gelangt und ihnen etwas anhaben kann, oder auf einem Nagelbrett liegen.

Ein anderes Ziel, auch im Buddhismus angestrebt, ist auf die Beherrschung des Geistes gerichtet, auf eine tiefe Sammlung oder Konzentration, *Samadhi* genannt; manchmal ist auch von sogenannter »Einspitzigkeit des Geistes« die Rede. Dabei können sich fünf Hemmungen einstellen, die klares Verstehen und inneren Fortschritt behindern und die es zu überwinden gilt:

1. sinnliche Begier,
2. Groll, Haß oder Ärger,
3. Stumpfheit und Trägheit,
4. Aufgeregtheit und Gewissensunruhe und
5. Zweifelsucht.

Übt man weiter auf dem Pfad der Sammlung, kann man verschiedene Stufen der Versenkung und mystischen Zustände (*Jhana*) erreichen. Diese können von Gefühlen der Verzückung, Seligkeit oder Ekstase begleitet sein. Buddha unterschied vier Versenkungsstufen, die für das Erreichen des Nirwana nützlich sind:

1. Achtsames, gerichtetes Denken; sinnliches Verlangen hört auf, Gefühl von Wohlbehagen.
2. Geistige Konzentration auf einen Punkt oder Gegenstand; Nachdenken hört auf; Wohlbehagen.
3. Gleichmut, Klarheit, Gelassenheit.
4. Aufhebung von Vergangenheit und Zukunft, von Erinnerungen an Gefühle und Empfindungen; reine Gegenwart.

Diese Stufen wurden später bis auf acht erweitert. Die achte Stufe ist der Zustand des »Weder-Wahrnehmens noch Nicht-Wahrnehmens«, wie er im folgenden Zitat beschrieben wird.

> »Es gibt, ihr Jünger, ein Gebiet, wo weder Erde ist noch Wasser, noch Feuer, noch Wind, weder das Raum-Unendlichkeitsgebiet noch das Bewußtseins-Unendlichkeitsgebiet, noch das Gebiet der Wahrnehmung noch Nicht-Wahrnehmung, weder diese Welt noch jene Welt, weder Sonne noch Mond: dies eben ist das Ende des Leidens.«[10]

Dieses Zitat weist zugleich auf ein Mißverständnis in bezug auf das Nirwana hin: Unter »das Ende des Leidens« ließe sich das Nirwana verstehen, weshalb das Nirwana manchmal mit einem mystischen Zustand verwechselt wird. An anderen Stellen sagt Buddha jedoch unmißverständlich, daß mit Nirwana kein mystischer Zustand dieser Art gemeint ist, da diese Zustände geistiger Art seien, also vom Geist erzeugt und damit in ihrer Entstehung bedingt. Sie seien zwar eine Möglichkeit, in diesem Dasein glücklich zu sein oder ein friedvolles Leben zu führen, aber sie bewirken keine vollkommene Befreiung und keine Einsicht in die endgültige Wirklichkeit, d. h., sie führen nicht notwendigerweise zum Nirwana.[11]

Das Nirwana wird als ein Erwachen, eine Einsicht in die endgültige Wirklichkeit und eine vollkommene Befreiung geschildert, es ist ein kognitiver Schock sozusagen. Im Nirwana werden die am irdischen Dasein haftenden Energien des Ego wie Haß, Gier, Wahn und Angst zerstört oder ausgelöscht, während sie in einem mystischen Zustand zwar nicht auftreten, aber als verborgene Anlage erhalten bleiben; sie sind einfach nicht aktiviert.

Buddhas Form der Meditation, die diese vollkommene Befreiung herbeiführen soll, gründet auf Achtsamkeit, Beobachtung und Bewußtheit, auf der wachen geistigen Wahrnehmung dessen, was ist. Sie wird *Vipassana* (Einsicht, Erkenntnis) genannt. Geschildert wird sie in der *Satipatthana-Sutta* (»Die Grundlagen der Achtsamkeit«)[12], eine Rede Buddhas, die sehr hohe Verehrung genießt und nicht nur regelmäßig in Klöstern, sondern auch in Familien vorgetragen wird. Sehr oft rezitieren Mönche diese Lehrrede am Bett eines Sterbenden, um seine letzten Gedanken zu läutern.

Die Achtsamkeit dieser Meditation kann sich auf vier verschiedene Ebenen richten: den Körper (die materielle Ebene), die Gefühle und Empfindungen (die emotionale Ebene), das Denken/den Geist (die mentale Ebene) und das Dhamma bzw. die Bedingungen der menschlichen Existenz. Bei der Betrachtung des Körpers geht es um ein bewußtes Wahrnehmen und Beobachten des Körpers und seiner Teile, damit auch dessen Vergänglichkeit. Die bekannteste und bevorzugte Praktik ist jedoch die Achtsamkeit auf den Atem:

> »Da begibt sich der Mönch in den Wald, an den Fuß eines Baumes oder in eine leere Hütte, setzt sich mit gekreuzten Beinen nieder, den Körper geradeauf gerichtet, und richtet seine Achtsamkeit vor sich. Achtsam atmet er ein, achtsam atmet er aus. Atmet er lang ein, so weiß er ›Ich atme lang ein‹; atmet er lang aus, so weiß er ›Ich atme lang aus‹. Atmet er kurz ein, so weiß er, ›Ich atme kurz ein‹, atmet er

> kurz aus, so weiß er ›Ich atme kurz aus‹. ›Den ganzen Körper klar empfindend will ich einatmen‹, so übt er sich …«[13]

Bei dieser Übung wird empfohlen, sich auf das Ein- und Ausströmen der Luft zu konzentrieren und dieses zu fühlen. Dabei soll man sich immer voll bewußt sein, wie man atmet. Das größte Problem am Anfang ist meist das Denken, das gern abschweift. Nach einiger Übung entsteht eine innere Sammlung, man hört die Geräusche von außen nicht mehr und verliert sich völlig in diese Achtsamkeit. Man ist sich nicht mehr seiner selbst, sondern nur noch seines Atems bewußt. Der reine Augenblick, die reine Gegenwart dringt durch, wenn auch am Anfang nur für einen kurzen Augenblick, und dies bewirkt ein überwältigendes Glücksgefühl.

Die Achtsamkeit auf den Atem gilt als notwendige Vorstufe für jede Art tieferen Verstehens und Innenschau in das Wesen der Dinge und damit für das Nirwana. Sie kann auch zu tiefen mystischen Erfahrungen führen. Im täglichen Leben äußert sie sich durch vermehrtes Wohlbefinden, bessere Gesundheit und gesteigerte Leistungsfähigkeit.

Die *Vipassana*-Meditation geht über die Beobachtung des Atmens hinaus zur Beobachtung der Gefühle.

> »Empfindet da der Mönch ein angenehmes Gefühl, so weiß er ›Ich empfinde ein angenehmes Gefühl‹; empfindet er ein unangenehmes Gefühl, so weiß er ›Ich empfinde ein unangenehmes Gefühl‹; empfindet er ein neutrales Gefühl, so weiß er ›Ich empfinde ein neutrales Gefühl‹ … So betrachtet der Mönch die eigenen Gefühle, betrachtet die fremden Gefühle, betrachtet beiderlei Gefühle. Er betrachtet bei den Gefühlen das Entstehen, das Vergehen, das Entstehen und Vergehen. ›Gefühle sind da‹, diese Achtsamkeit ist ihm gegenwärtig, soweit sie eben zur Erkenntnis und Klarheit dient; und unabhängig lebt er und an nichts in der Welt haftet er. So verweilt der Mönch in der Betrachtung der Gefühle.«[14]

Und weiter geht es zur Beobachtung der Gedanken:

> »Da erkennt der Mönch die begehrlichen Gedanken als begehrlich und die begierdelosen Gedanken als begierdelos, die gehässigen Gedanken als gehässig und die haßlosen Gedanken als haßlos, die wahnhaften Gedanken als wahnhaft und die wahnlosen Gedanken

als wahnlos, den gesammelten Geist als gesammelt und den zerstreuten Geist als zerstreut; auf Höheres gerichtete Gedanken erkennt er als auf Höheres gerichtet und auf Niedriges gerichtete Gedanken als auf Niedriges gerichtet, auf Befreiung gerichtete Gedanken als auf Befreiung gerichtet und nicht auf Befreiung gerichtete Gedanken als nicht auf Befreiung gerichtet. So betrachtet der Mönch den eigenen Geist, betrachtet er den fremden Geist. Er betrachtet bei den Gedanken das Entstehen und das Vergehen, das Entstehen und Vergehen. ›Die Gedanken sind da‹, diese Achtsamkeit ist ihm gegenwärtig, soweit sie eben zur Erkenntnis und Klarheit dient; und unabhängig lebt er und an nichts in der Welt haftet er.«[15]

In eine modernere Sprache übersetzt würde das heißen: Zuerst wird mit bewußtem Atmen oder auch verschiedenen Atemtechniken (worüber es heute auch im Westen viele Bücher gibt) Ruhe und Konzentration erzeugt. Dann gilt es, sich der aufkommenden Empfindungen und Gedanken bewußt zu werden, sie zu betrachten und voll wahrzunehmen, aber sich nicht mit ihnen zu identifizieren oder an ihnen haften- oder klebenzubleiben, sondern sich von ihnen zu lösen. Sich von ihnen lösen heißt, sie einfach sein lassen, sich nicht mit ihnen beschäftigen und ganz neutral bleiben, d.h. keine Energie hineingeben, also sich nicht darüber ärgern, schämen oder sonst etwas. Bei diesen Betrachtungen wird einem bewußt, daß ganze gedankliche oder emotionale Kettenreaktionen ablaufen können oder daß verschiedene Gedankenfilme zur gleichen Zeit laufen.

Weiter gehören zur *Vipassana*-Meditation Betrachtungen über die Lehre, vor allem die Vier Edlen Wahrheiten und das Dhamma. Auch die in der sechsten Regel erwähnten vier erhabenen Verweilungszustände können hier geübt werden:

1. die Ausstrahlung unbegrenzter Liebe und Güte/Wohlwollen auf alle lebenden Wesen ohne Unterschied,
2. Mitleid
3. Mitfreude und
4. Gleichmut.

Der folgende Text zeigt, daß die Meditation auch zu erweiterten Bewußtseinszuständen führen kann, in denen man Dinge wahrnimmt, die man mit dem gewöhnlichen Bewußtsein nicht wahrnimmt:

»Über Lust und Unlust hat man Gewalt, läßt sich nicht von der Unlust bezwingen; die aufgestiegene Unlust überwindend verweilt man. Über Furcht und Schrecken hat man Gewalt, läßt sich nicht davon bezwingen; aufgestiegene Furcht und Schrecken überwindend verweilt man... Mit dem Himmlischen Ohre, dem geläuterten, übermenschlichen, hört man beiderlei Töne, himmlische wie menschliche, ferne wie nahe. Im Geiste durchschaut man die Herzen der anderen Wesen und Personen. Man erinnert sich an mancherlei frühere Daseinsformen. Mit dem Himmlischen Auge, dem geläuterten, übermenschlichen, sieht man die Menschen abscheiden und wiedererscheinen, gemeine und edle, schöne und häßliche, glückliche und unglückliche; sieht man die Wesen gemäß ihrer Taten wiedergeboren werden. Nach Versiegung der Triebe gewinnt man die von Trieben freie Gemüts- und Wissenserlösung, indem man sie schon zu Lebzeiten erkannt und verwirklicht hat.«[16]

VIII.
DAS NIRWANA

Das bewußtseinsmäßige Eintreten in eine höhere oder wahre Wirklichkeit ist das *Nirwana*. Da es ein Zustand jenseits von Dualität ist, ist es auch jenseits des begrifflich-rationalen Denkens. Es ist eine Erfahrung der Einsicht in das Wesen der Dinge, die vollständige Befreiung des Geistes und die Verwirklichung der höchsten Wahrheit.

Bei der Beschreibung für Nirwana wird oft das Wort »Verlöschen« gebraucht. Gemeint ist das vollständige Verlöschen, d. h. die Befreiung von Gier, Haß und Wahn, mit anderen Worten, von allen anhaftenden Energien, die uns an das irdische Dasein binden.

> »Gleich wie die von der Gewalt des Windes verwehte Flamme heimgeht und durch nichts mehr bezeichnet werden kann, so geht auch der vom Geist der Leiblichkeit erlöste Weise heim und kann durch nichts mehr bezeichnet werden. Für den Heimgegangenen gibt es kein Maß. Das, wodurch man ihn benennen könnte, besteht für ihn nicht mehr: wo alle Erscheinungen aufgehoben sind, sind aufgehoben auch alle Pfade der Rede.«[1]

Es ist ein Zustand der Befreiung, des Friedens und der allumfassenden Liebe, von Glückseligkeit. Dies zeigt folgender buddhistischer Text, der zuerst ausführt, wie die Hindernisse (nämlich Haften an Sinnesfreuden, Übelwollen, Trägheit, Ruhelosigkeit/Angst und Zweifel) einen Menschen mit Schulden, Krankheit, Gefangenschaft, Sklaverei und Angst schlagen, und dann fortfährt:

> »Wenn diese fünf Hindernisse in ihm beseitigt sind, betrachtet er sich als von Schulden befreit, der Krankheit enthoben, aus dem Gefängnis entlassen, ein freier Mann und in Sicherheit. Ein Glück springt in ihm auf, sobald er dieses erfährt, und Freude kommt ihm zu ob solchen Glücks, und während er sich so freut, wird er ganz und

gar mit Behagen erfüllt, und während er sich behaglich fühlt, durchströmt ihn ein Gefühl des Friedens, und sein Herz bleibt in jenem Frieden.«[2]

Der Buddhismus gebraucht gern das Gleichnis vom Traum fürs Leben. Wenn ein Träumer erwacht, merkt er, daß alles »nur« ein Traum war bzw. daß er die Traumwirklichkeit hinter sich gelassen hat, aus dem Traumbewußtsein hinausgetreten ist. Ebenso kann das als normal geltende Wachbewußtsein überschritten (»transzendiert«) werden, so daß ein Erwachen auf einer höheren Ebene stattfindet. Der Nebelschleier des getrübten Bewußtseins wird durchdrungen, das Brett vor dem Kopf beseitigt und Klarheit und Durchblick gewonnen. Dieses Ereignis kann sehr plötzlich sein, wie ein Wolkenbruch den Himmel aufreißt. Wir haben selbst in unserer Religion ein Lied dazu: »O Heiland reiß die Himmel auf!« Die Gegenwart, die Wirklichkeit, das was ist, wird klar gesehen und als strahlend empfunden. Alle Ängste, die immer mit der eigenen Vergangenheit zu tun haben und auf die Zukunft projiziert werden, sind als Täuschung des Geistes/des Denkens erkannt und verschwunden.

In der buddhistischen Literatur gibt es zahlreiche Hinweise, daß nicht nur Mönche, sondern auch Männer und Frauen, die ein normales Familienleben führten und daneben nach Buddhas Anleitungen übten, den Zustand des Nirwana erfuhren. Auf die diesbezügliche Anfrage eines Wanderers erklärte Buddha, daß es nicht nur einige, sondern viele hundert solche Männer und Frauen gäbe.[3]

Unser Volksmund sagt, die Augen seien der Spiegel der Seele. Eine gereinigte, geläuterte Seele hätte demnach klare, strahlende Augen, und genau dies ist auch der Fall. Beim Besuch der buddhistischen Klöster fallen einem oft die strahlenden Augen der Mönche oder Nonnen auf. Das dies schon zu alten Zeiten so war, belegt folgende Geschichte: Als Buddha gefragt wurde, warum seine Schüler, die ein einfaches und ruhiges Leben führten und nur einmal am Tag aßen, so strahlend aussähen, antwortete er:

»Sie bereuen nicht die Vergangenheit, auch grübeln sie nicht über die Zukunft. Sie leben in der Gegenwart. Deshalb haben sie ein strahlendes Aussehen. Weil sie über die Zukunft grübeln und die Vergangenheit bereuen, vertrocknen die Narren wie grünes Schilf, das (in der Sonne) geschnitten wurde.«[4]

Das Nirwana einen flüchtigen Augenblick erleben und es ins gesamte Leben integrieren können sind allerdings zwei verschiedene Dinge. Auch hier findet wieder ein langer Prozeß statt, mit einer allmählichen Persönlichkeitsveränderung und dem Ablegen der egoistischen Züge. Ein Mensch, der das Nirwana erfahren und alle Bindungen an das Ego und die irdische Existenz aufgelöst hat, wurde früher als *arhat* bezeichnet. Wer außerdem das Weltgesetz (das Dhamma) erkannt hat und lehren kann, ist ein »Erwachter« oder »Erleuchteter«, d. h. *ein Buddha*. Oft wird der historische Buddha auch *Tathagata* genannt, d. h. einer, der den Weg »so gegangen« ist; der zur »So-Heit«, zur »wahren Wirklichkeit« Gekommene, der Vollendete.[5]

Die Bewußtseinsforschung, vor allem die psychedelische Forschung des Psychiaters Stanislav Grof, trägt viel zu einem besseren Verständnis der verschiedenen Bewußtseinszustände bei, die während einer Meditation erfahren werden können. Auch Grof unterscheidet zwischen verschiedenen veränderten Bewußtseinszuständen, die mit mystischen Erlebnissen einhergehen können und mit Ekstase verbunden sind. Die erste Art wird ozeanische oder apollinische Ekstase genannt und ist charakterisiert durch ein äußerstes Maß an innerem Frieden, Ruhe, Gelöstheit und Freude. Es ist ein glückseliger, spannungsfreier Zustand, in dem die Grenzen des Ich aufgelöst sind und ein Gefühl der absoluten Einheit mit der Natur, mit der kosmischen Ordnung und mit Gott herrscht. Ein tiefes intuitives Verständnis der Existenz und eine Flut verschiedener Einsichten von kosmischer Tragweite sind für diesen Zustand ebenfalls typisch.[6] Nach Grofs Forschung hat diese Form der Erfahrung eindeutig Bezug zu den Erfahrungen der symbiotischen Einheit mit der Mutter während des Daseins im Mutterleib und nach der Geburt während des Stillens.

Die andere Form des mystischen Erlebnisses, die sogenannte erleuchtende oder prometheische Ekstase, »wirkt wie ein göttlicher Blitz, der die bisherigen Begrenzungen und Hindernisse zerstört und zu vollkommen unerwarteten Lösungen verhilft. Der oder die Betreffende werden von übernatürlich schönem Licht überflutet und erleben einen Zustand, in dem sich das Göttliche offenbart. Sie haben das Empfinden einer emotionalen, intellektuellen und spirituellen Befreiung. Atemberaubende Eingebungen und Einsichten erschließen sich ihnen. Diese Art von Erfahrung ist zweifellos für große menschliche Errungenschaften auf den Gebieten der Wissenschaft, der Kunst, der

Religion und der Philosophie verantwortlich.«[7] Diese Form der Erfahrung hat Bezug zur Geburt, d. h., sie wird im Zusammenhang mit dem gefühlsmäßigen Wiedererleben der Geburt gemacht.

Das erleuchtende oder prometheische Erlebnis entspricht einem Erlebnis des Nirwana, es ist wie eine zweite Geburt, allerdings keine materielle Geburt mehr, sondern eine spirituelle, bewußtseinsmäßige. Man kommt »auf die Welt«, aber auf einer höheren Ebene: »Man verspürt tiefe spirituelle Befreiung, Erlösung und Rettung, ist geläutert und unbelastet von Angst, Depressionen und Schuld. Damit einher geht eine Flut von positiven Emotionen gegenüber sich selbst, gegenüber anderen und gegenüber der Existenz im allgemeinen. Die Welt erscheint als schöner und sicherer Ort, und die Lebensfreude wird ungemein gesteigert.«[8] Dieses Erlebnis geht auch einher mit dem sogenannten »Ich-Tod«, d. h. dem Gefühl, daß man als abgetrennte Einheit eine Illusion sei. Man kommt auf einer bewußteren Ebene in diese Welt hinein, während das andere mystische Erlebnis, wenn es nicht von diesem Erwachen begleitet ist, ontogenetisch einer Regression in den Mutterleib bzw. phylogenetisch einer ins Meer entspricht.

Bis es aber soweit ist, daß das Erwachen oder Wiedergeborenwerden erlebt werden kann, müssen noch andere Phasen oder Welten durchschritten werden, die meist mit heftigem emotionalem und intellektuellem Ringen, quälendem Sehnen und Verlangen sowie verzweifeltem Suchen nach Antworten, die hoffnungslos unerreichbar erscheinen, gekennzeichnet sind. Aggression, Destruktivität, Triebenergien sexueller Natur, starke Emotionen wie mörderischer Haß oder leidenschaftliche Liebe, körperliche Schmerzen, eisige Kälte und brennende Hitze, Todesangst etc. können sich ebenfalls äußern. Grof setzt diese Erlebnisse in Bezug zum Geburtsvorgang, der für das Kind eine traumatische Erfahrung ist. Im Buddhismus entsprechen sie den anhaftenden Energien des Ego, die oft kurz als Gier, Haß und Wahn zusammengefaßt werden. In der tibetischen Religion werden sie personifiziert und als Dämonen dargestellt. C. G. Jung beschreibt ähnliche Phänomene in den Individuationsprozessen seiner Klienten. Es ist die Rumpelkammer des Unbewußten, die Schicht der Ängste, die den Zugang zur Erleuchtung versperrren und die es zu überwinden gilt, will man nicht in der Unerlöstheit steckenbleiben. Allerdings bedeutet überwinden nicht, daß man dagegen ankämpfen soll, wie man das auf der materiellen Ebene tun kann. Auf der psychischen Ebene gelten andere Gesetzmäßigkeiten. Hier kann man nur überwinden, indem man nicht mehr anhaftet, d. h. sich davon löst, sein läßt, sich nicht damit identifiziert und achtsam bleibt. Und zu diesem Zwecke meditiert man.

In der klassischen Psychologie und Psychiatrie wird die Heilwirkung von mystischen Erfahrungen und anderen veränderten Bewußtseinszuständen noch nicht erkannt, ja, diese werden sogar als krankhaft betrachtet und mit Psychopharmaka unterdrückt, wenn sie auftreten. Einzig C. G. Jung sah sie als wichtige Phase im Individuationsprozeß an und erkannte deren heilendes Potential. Hat man vielleicht Angst, die Leute könnten eines Tages erwachen? Hier bietet die transpersonale Psychologie eine notwendige Ergänzung.

Auch die alte indische Aussage, wonach die Höherkastigen »Zweimalgeborene« seien, wird nun verständlich. Die Arier hatten offenbar früher ebenfalls eine Methode, um zu einer spirituellen Geburt zu kommen, was in den vedischen Schriften auch erwähnt wird und im Zusammenhang mit der Einnahme des sogenannten *soma* steht, von dem man heute annimmt, daß es ein Pilz mit bewußtseinserweiternden Substanzen war, wie er auch von sibirischen Schamanen und nordamerikanischen Indianern benutzt wurde.[9]

IX. VERBREITUNG UND WEITERENTWICKLUNG DER LEHRE

1. Die ersten Jahrhunderte nach Buddhas Tod

Um die Lehre Buddhas, die zu Buddhas Lebzeiten und auch später nicht aufgeschrieben wurde, zu bewahren, wurden von den Mönchen Konzile abgehalten, wo die Lehrreden rezitiert wurden und man sich auf bestimmte Versionen einigte. Das erste Konzil fand bereits vier Monate nach Buddhas Tod (483 v. Chr.) statt. Anläßlich des zweiten Konzils etwa hundert Jahre später spaltete sich der buddhistische Orden in zwei Hauptrichtungen, aus denen sich später das Theravada (oder Hinayana) und das Mahayana, eine neuere Richtung, entwikkelte. Das dritte Konzil fand unter Kaiser Asoka im Jahre 253 v. Chr. statt, hier wurden nur die Theravada-Texte revidiert und ergänzt und wohl auch teilweise aufgeschrieben.

Asoka (Regierungszeit ca. 272–231 v. Chr.) war nicht nur einer der größten Kaiser Indiens, sondern auch eine bemerkenswerte Persönlichkeit. Größe und Ansehen erwarb sich ein Kaiser vor allem durch Eroberung fremder Gebiete und Vergrößerung seines eigenen Reiches. In diesem Sinne war Asoka ein großer Kaiser, ein rücksichtsloser und erfolgreicher Eroberer der üblichen Sorte. Er schuf das erste indische Großreich, das den gesamten indischen Subkontinent mit Ausnahme der Südspitze des Tamillandes unter seiner Herrschaft vereinigte. Dann machte er aber eine bemerkenswerte persönliche Wandlung durch und bekannte sich zu Gewaltlosigkeit und Friedfertigkeit. Er kümmerte sich um soziale Wohlfahrt, indem er Trinkwasserversorgungen und Spitäler bauen ließ, für Aufforstung sorgte, öffentliche Gärten mit Heilkräutern anlegte usw. So führte er das Land zu großer kultureller Blüte. Er interessierte sich für die buddhistische Lehre und herrschte in ihrem Sinne. Am Geburtsort Buddhas, in Lumbini, und am Ort seiner ersten Lehrrede, im Gazellenhain von Benares, errichtete er Steinsäulen mit Inschriften, und in seinem ganzen Herrschaftsgebiet ließ er sogenannte »Edikte« auf Felsen und Säulen meißeln, worin er seiner Gesinnung Ausdruck gab und auch Reue bekundete, daß seine früheren Eroberungen von Gemetzel, Tod und Verschleppung begleitet gewesen seien. Eines dieser Edikte, die von seiner religiösen Toleranz zeugen, wurde zitiert im ersten Kapitel dieses Buches unter »Der Buddhismus ist eine Sowohl-als-auch-Religion«.

Während Asokas Regierungszeit verbreitete sich der Buddhismus über ganz Indien und weit darüber hinaus. Auch Teile von Afghanistan gehörten zu seinem Reich, wo heute noch in Bamiyan zwei über dreißig Meter hohe, in Fels gemeißelte Buddha-Statuen zu sehen sind und wo sich später im Grenzgebiet zu Pakistan die Gandhara-Kunst entwikkelte, eine interessante Mischung von östlichen und griechischen Einflüssen. Asoka schickte Gesandte bis nach Ägypten, Syrien, Makedonien, Ceylon und Burma. Ceylon (heute Sri Lanka) entwickelte sich zu einer Hochburg des Buddhismus und wurde später zu einem Ausstrahlungszentrum buddhistischen Gedankengutes. Hier wurden schließlich im ersten Jahrhundert vor Christus die vom dritten Konzil mündlich überlieferten Texte des Theravada-Buddhismus in der Pali-Sprache niedergeschrieben. Dieser sogenannte Pali-Kanon ist der einzige, der vollständig erhalten ist. Er wird in drei Teile, sogenannte »Körbe« (*pitaka*) eingeteilt, denn die Texte waren auf getrocknete Palmblätter geschrieben und wurden in Körben aufbewahrt. Die ältesten Texte des Mahayana-Buddhismus hingegen wurden in Indien zwischen dem ersten Jahrhundert vor und dem zehnten Jahrhundert nach Christus in der Sanskrit-Sprache verfaßt.

Außer in Ceylon faßte die Theravada-Lehre Fuß in Burma, Thailand, Laos und Kambodscha, die Richtungen des Mahayana in Vietnam, China, Japan, Tibet und Indonesien. Der berühmte Tempel von Borobudur auf Java zeugt noch von einer einstigen blühenden buddhistischen Tradition.

In Indien selbst gab es bald einmal hinduistische Gegenbewegungen. Der Buddhismus wurde nicht gerade bekämpft, sondern buddhistisches Gedankengut wurde zum Teil in den Hinduismus aufgenommen und mit alten bestehenden Vorstellungen verschmolzen. So wurde Buddha im achten Jahrhundert von den Hindus zur neunten Inkarnation des Gottes Vischnu erklärt. Den Todesstoß bekam der Buddhismus in Indien mit der Invasion der Moslems um 1000 nach

Christus. In dieser Zeit wurden die buddhistischen Klöster zerstört, und mit dem Verbrennen der Bücher und dem Töten der Mönche wurde der Buddhismus seiner geistigen Zentren und damit seiner geistigen Grundlage beraubt. Der Hinduismus wurde von diesen Zerstörungen weniger betroffen, da er die Grundlage der gesellschaftlichen Ordnung des Kastenwesens bildet und in seiner religiösen Ausübung mehr auf volkstümliche Zeremonien und Opfer im häuslichen Bereich ausgerichtet ist. Auch ist die Verankerung des Hinduismus in der indischen Mythologie und Kultur viel stärker. So kommt es, daß der Buddhismus in seinem ursprünglichen Raum Indien fast ausgestorben ist. In Indien beträgt sein Anteil an der Bevölkerung heute weniger als ein Prozent. Neuerdings erwacht jedoch wieder ein intellektuelles Interesse am buddhistischen Gedankengut bei der gebildeten Schicht.

2.
Theravada und Mahayana

Wie es mit allen Denksystemen geht, veränderte und entwickelte sich auch der Buddhismus im Lauf der Jahrhunderte. Neues wurde hinzugefügt, und es gab Aufsplitterungen in verschiedene Richtungen. Die wichtigste dieser Aufsplitterungen vollzog sich während mehreren hundert Jahren, die neue Richtung trat etwa 400 Jahre nach Buddhas Tod als Mahayana-Buddhismus in Erscheinung. Das Theravada stellt die »Lehre der Alten« dar, während das Mahayana neues Gedankengut in sich aufnahm und sich wiederum in mehrere Schulen aufgliederte; es bildet kein so in sich geschlossenes, einheitliches Gebilde wie das Theravada.

In den verschiedenen Ländern wurde der Buddhismus auch eigenständig weiterentwickelt und mit dem dortigen Volksgut und der dortigen Götterwelt verschmolzen. So werden heute viele volkstümliche Sitten und Bräuche in buddhistischen Ländern als buddhistisch bezeichnet. Der Buddhismus als eher abstrakte Lehre hat sich überall den religiösen Bedürfnissen der Masse angepaßt, indem er z. B. vorhandene Riten bestehen ließ oder sogar neue einführte.

Bemerkenswert ist, daß die Aufsplitterung in verschiedene Schulen oder Richtungen ohne Feindseligkeiten oder Streit geschah. Religionskriege wie zwischen Protestanten und Katholiken hat es nie gegeben. Die Mönche beider Richtungen konnten in gemeinsamen Klöstern einträchtig zusammenwohnen, und in Klöstern der einen Richtung wurden (und werden) selbstverständlich auch Mönche der anderen Richtung aufgenommen. Es fällt auf, daß in vielen westlichen Büchern über den Buddhismus die Autoren mit der für den Westen typischen wissenschaftlichen Genauigkeit und mit logisch-intellektuellen Spitzfindigkeiten versuchen, den Unterschieden zwischen den verschiedenen Schulen auf den Grund zu kommen und Gegensätze zu finden. Denn es muß doch Gegensätze, es muß doch ein Entweder-Oder geben, sonst könnte man ja die verschiedenen Schulen nicht unterscheiden, meinen sie. Deshalb sind sie dann auch so erstaunt, daß es im Buddhismus ob dieser vermeintlichen Gegensätzlichkeiten keinen Streit gibt. Diese Sicht der Dinge ist typisch für das westliche Denken, das sich die Welt als rein begrifflich faßbar und logisch vorstellt. Es ist das Denken eines Egos, d. h. das Denken eines Menschen, dem die spirituelle Dimension fehlt und der innerhalb einer rein rationalen Welt funktioniert.

Ein Buddhist setzt sich nicht nur begrifflich mit seiner Lehre auseinander, sondern vor allem auch meditativ, und dieses meditative Erleben, das zu einem intuitiven Wissen und einer größeren Bewußtheit wird, ist wichtiger als alle logisch-intellektuelle Ausdeutung von Begriffen. Es macht mehr als alles andere das Wesen des Buddhismus aus, und auf ihm gründet seine Einheit, auch wenn auf der Oberfläche der Begriffe Vielheit herrscht. Es ermöglicht ihm eine »ganzheitlichere« Sicht der Dinge, um mit einem westlichen Modewort zu sprechen, von dem niemand so recht weiß, was darunter zu verstehen ist. Der Buddhismus gebraucht lieber das Wort »heilsam«, und jede Lehre ist gutzuheißen, die unheilsame Taten mindert und zu heilsamen anregt.

So kann ein Buddhist durchaus die zwei gegensätzlichen Aussagen für richtig halten, daß die irdische Existenz mit ihrem Leiden nur Schein und daß sie real sei. Es stimmt eben beides, denn es kommt auf die Ebene der Betrachtung an. Solange man darin steckt und nicht darüber hinaussieht, ist die Existenz real, sobald man sie von einer höheren Dimension oder Wirklichkeit aus betrachten kann, ist sie Schein. Es ist wie beim Traum: Solange man träumt, hat der Traum durchaus Realitätscharakter; erst wenn man erwacht, merkt man, daß man »nur« geträumt hat.

Die Grundzüge des Buddhismus, wie sie in diesem Buch beschrieben wurden, sind im Theravada-Buddhismus enthalten, stehen aber nicht im Widerspruch zu den Lehren des Mahayana, dessen Erweiterungen im folgenden näher beschrieben werden sollen. Das Theravada ist die konservative Richtung und hält sich an den Pali-Kanon, während die verschiedenen Schulen des Mahayana ihre Lehre bewußt und kreativ erweiterten. Man darf aber nicht vergessen, daß auch das Theravada, die »Lehre der Alten«, während der ersten 400 Jahre nach Buddhas Tod nur mündlich überliefert wurde und sich im Laufe der Jahrhunderte viele Eigenheiten einschlichen, wie etwa die langen und widersprüchlichen Diskussionen um das »Ich« (»Es gibt kein Ich« etc.) und die frauenfeindlichen Stellen. Will man diese kontroversen Auslegungen, vor allem im Zusammenhang mit dem »Ich« und dem »Absoluten«, zum Mittelpunkt des Theravada machen, wie das zum Teil versucht wurde, so müßte man sagen, daß das Mahayana hier eine nötige Rückbesinnung bietet.

Auf die Kontroversen im Zusammenhang mit den Begriffen »Ich« und »Seele« soll hier kurz eingegangen werden, da sie in vielen Abhandlungen über den Buddhismus geradezu als Kern der Sache dargestellt werden. Zu Buddhas Zeiten gab es häufig philosophische Streitgespräche über die Beschaffenheit der menschlichen Seele. Mit *atta* (sanskrit *atman*) bezeichneten viele damalige hinduistische Lehren den unsterblichen Teil im Menschen, von dem sie eine ganz bestimmte Vorstellung hatten: Sie nahmen an, daß jeder Mensch eine unsterbliche, individuelle und unveränderliche Seele hat, eine Art begrenzte, gesonderte Konstante. Es gab auch Vorstellungen von der Seele als einem materiellen Körperteil. Buddha hingegen lehrte, daß es keine Seele in diesem Sinne gebe, kein *atta*. Daher kommt der Begriff *anatta*, womit gemeint war »kein abgetrenntes Ego habend«, »keine Getrenntheit und keine Beständigkeit habend«. Leider wurde *anatta* dann oft übersetzt mit »kein Selbst habend« oder »keine Seele habend«. So entstanden viele Mißverständnisse, die zum Teil in der Behauptung gipfelten, im Buddhismus gebe es keine Seele. Dabei spielen wohl kaum in einer Religion die seelischen Prozesse eine so zentrale Rolle wie im Buddhismus. Buddha verneinte auch keineswegs ein »Selbst« im Sinne des hinter allem Existierenden stehenden Ungeschaffenen oder Absoluten, nur ist dieses überindividuell und nicht abgetrennt. Der Mensch ist kein vom Urgrund abgetrenntes Wesen und auch keine Konstante.[1]

Das Theravada ist mehr auf den Mönchsorden ausgerichtet als viele spätere Lehren und wirkt deshalb strenger und asketischer. Eine strenge Disziplin und zahlreiche rigorose Vorschriften, die seit Jahrhunderten unverändert blieben, regeln das Leben der Mönche. So dürfen Mönche z. B. kein Geld berühren, nicht mit Frauen sprechen oder reisen, nach Mittag keine Speisen mehr zu sich nehmen und keine Tiere töten. Das Ideal ist der *arhat*, der Heilige oder religiöse Sucher, der mit Willenskraft und Tugend über seine Begierden triumphiert und der das Nirwana schon erreicht hat oder noch zu Lebzeiten erreichen wird.[2]

Daß rund 400 Jahre nach Buddhas Tod der überlieferte buddhistische Pfad vielen Menschen allzu streng und schwierig zu begehen schien, zeigt schon der Name der neuen Richtung: Mahayana heißt »großes Fahrzeug« über den Ozean des Leidens, das mehr Menschen Platz biete, d. h. den Bedürfnissen des Großteils der Menschen eher gerecht werde als die strenge alte Lehre, die dann eher abschätzig Hinayana, »kleines Fahrzeug«, genannt wurde. Die Anhänger der alten Richtung bevorzugen für ihre Lehre allerdings die Bezeichnung Theravada, »Lehre der Alten«. Im Mahayana nimmt das Mönchstum wesentlich freiere Formen an, es gab z. B. auch Schulen, in denen die Mönche verheiratet sein konnten, wie etwa in Tibet. Das Mahayana ist allgemein weniger stark auf das Mönchstum konzentriert, sondern spricht den Laien an: Auch als Laie kann man durchaus Befreiung erlangen.

Das Mahayana zeigt eine Tendenz zur Ritualisierung, Verbildlichung und Vergegenständlichung, was dem Bedürfnis vieler Menschen entgegenkommt und auch in diesem Sinne gedacht ist. Es läßt der Phantasie und Gestaltungskraft freien Lauf, und diese äußert sich in den vielen Mythen, Sagen, Legenden und der bildenden Kunst, auf die das Mahayana so befruchtend wirkte.

Das Mahayana läßt auch der Vorstellungs- und Gestaltungskraft in bezug auf andere Dimensionen oder transzendente Räume, also die geistige Welt, freien Lauf. Die Beschreibung der transzendenten Welt und ihrer Wesenheiten stellt den Hauptunterschied zum Theravada dar. Buddha selbst blieb auf dem Boden der Tatsachen, er begnügte sich damit, die Existenzbedingungen und Spielregeln auf dieser Welt aufzuzeigen und darauf hinzuweisen, daß es einen Weg hinaus gibt, der eine Befreiung bedeutet. Das Mahayana nun geht einen Schritt weiter und leuchtet diese neuen Welten aus. Vor allem handelt es von den Wesen, die einst Menschen waren, sich aus dem karmischen Wiedergeburtenkreislauf befreien konnten und nun von ihrer höheren Dimension her den Menschen auf der Erde helfen bzw. sich zu diesem Zweck wieder verkörpern und auf die Welt kommen. Sie werden *Bodhisattvas* genannt und haben Ähnlichkeit mit geistigen Wesen in vielen anderen

Traditionen. Unser Volksmund spricht von Schutzengeln, die indianische Tradition von Schutzgeistern (*guardian spirits*), die katholische Kirche und viele islamische Traditionen haben Heilige, und esoterische Lehren sprechen von Geistführern. Die Existenz solcher gütiger Wesen wirkt beruhigend auf die Menschen: Jetzt muß man nicht mehr alles aus eigener Kraft und allein machen, man erhält Hilfe, man fühlt sich aufgehoben und geborgen, und geteiltes Leid ist bekanntlich nur noch halbes Leid – »With a little help from my friends«, wie die Beatles sich ausdrückten. Wenn man einmal die Befreiung mit Hilfe der Bodhisattvas erreicht hat, verpflichtet dies einen dazu, selbst eine Zeitlang zum Bodhisattva zu werden und die erhaltene Hilfe weiterzugeben. Auch auf der geistigen Ebene gibt es wieder einen langen Entwicklungsweg, wobei man in der zehnten und letzten Stufe im Raum des sogenannten *Tuschita*-Himmels zu einem strahlenden Lichtwesen wird. Von da an führt der Weg zur Buddhaschaft.

Viele Bodhisattvas sind sehr volkstümlich geworden und genießen genauso große Verehrung wie Buddha. Einer der bekanntesten ist *Avalokiteshvara* (chinesisch *Kuan-yin,* japanisch *Kannon,* tibetisch *Tschenresi*). Es ist der Buddha der Weisheit und des grenzenlosen Mitleids und wird auch weiblich dargestellt. Ein weiterer bekannter Bodhisattva ist *Maitreya*, der Buddha der Zukunft, von dem man annimmt, daß er als nächster Buddha auf die Welt kommt.

Das Mahayana hat nicht nur zahllose Bodhisattvas, sondern auch zahllose Buddhas geschaffen. Sie erscheinen in jedem Weltsystem, jeder Weltgegend und jedem Zeitalter, um den Menschen das Buddha-Fahrzeug zu zeigen, das zur All-Wissenheit führt. Schon der historische Buddha fühlte sich nicht als Schöpfer einer neuen Lehre, sondern als Wiederentdecker einer alten, von früheren Buddhas gefundenen Wahrheit. Im Mahayana ist er nur noch einer unter vielen und wird zur Unterscheidung oft als *Sakyamuni,* »der aus dem Stamm der Sakya«, bezeichnet.

Die Stufe der Buddhas ist nach der Bodhisattva-Stufe eine weitere Station zum Nirwana, und man stellt sich die Buddhas in zahlreichen Ländern oder Reichen vor. Das System ist offen, das heißt, wer immer die Buddhaschaft erlangt, kann ein neues Reich errichten. Einige davon, die sogenannten »Reinen Länder«, sind transzendente, strahlende und herrliche Paradiese der Seligkeit – geistige Reiche in anderen Dimensionen. In jedem dieser Länder herrscht ein Buddha, der die Wesen, die sein Land besuchen, über die erlösende Wahrheit unterrichtet. *Amithaba* (auch *Amitayus* und in China *Amida* genannt) ist der beliebteste von ihnen, der vor allem in China in einem eigentlichen Amida-Kult mit besonderer Hingabe und Frömmigkeit verehrt wird. Er gilt als der Buddha des unermeßlichen Lichts. Die transzendenten Buddhas gelten zum Teil als Wesen, die gar nie auf dem Planeten Erde inkarniert waren. Der Mahayana-Buddhismus greift hier und auch heute noch unserer Wissenschaft vor, die noch keine Wesen im Kosmos, keine »Außerirdischen« entdeckt hat und wahrscheinlich auch nie entdekken wird, solange sie sich auf die materielle Ebene beschränkt, statt auf einer geistigen Ebene zu suchen.

Die Vorstellung dieser verschiedenen Welten der Bodhisattvas und Buddhas bringt es mit sich, daß das Nirwana als die Endstufe etwas in den Hintergrund gerückt ist. Die Zwischenziele sind die Bodhisattvaschaft und die Wiedergeburt in einem Land der Buddhas, einem Buddhaparadies.

Die Dreiteilung der Ebenen der Existenz, die im Theravada-Buddhismus schon vorhanden, aber noch nicht ausgearbeitet ist, wird im Mahayana nun in verschiedenen Lehren dargelegt. Im frühen Buddhismus zeigten sich die drei Stufen als

1. materieller Körper / materielle, irdische Existenz;
2. Bündel von sich wieder inkarnierenden Energien, die sich irgendwo aufhalten, bis sie wieder auf die Welt kommen;
3. das Ungeborene, Ungeschaffene, Absolute, das allem Existierenden zugrunde Liegende, das Selbst, das zu erfahren das Nirwana bedeutet.

Wie bereits in früheren Kapiteln beschrieben, sind diese Ebenen sich nicht als getrennt vorzustellen, sondern so, daß die höheren, feineren Energie-Ebenen die tieferen durchdringen, daß Materie nichts anderes als verdichtete Energie ist und daß »Befreiung« nichts anderes bedeutet, als bewußtseinsmäßig in diese höheren immateriellen Schwingungen vorzustoßen, sie wahrzunehmen und im täglichen Leben zu integrieren. Dazu dient die Meditation. Mit anderen Worten, auf den tieferen Ebenen hat man an den höheren Ebenen teil, man ist von ihnen durchdrungen, auch wenn man sich dessen nicht bewußt ist, während man auf den höheren Ebenen von den tieferen befreit ist und nicht mehr hinabsteigen muß.

Das Mahayana hat diese Lehre systematisch ausgearbeitet und vervollkommnet, die verschiedenen Welten beschrieben und belebt. Die sogenannte Drei-Körper-Lehre beschreibt die drei Stadien wie folgt:

1. Die Ebene, auf der die Wesen einen physischen Körper haben, also einen materiellen, d. h. »grobstofflichen« Körper, wie das auf diesem Planeten der Fall ist. Auch Buddhas und Bodhisattvas können auf diese Ebene hinabsteigen, um den Menschen den Weg zu weisen. (Das Wort für den physischen Körper ist *Nirmanakaya*.)
2. Die nicht-materielle, geistige oder transzendente Ebene, auf der die Wesen keinen grobstofflichen, sondern nur noch einen feinstofflichen (energetischen) Körper haben, der zugleich ein strahlender Körper ist (der *Sambhogakaya*). Auf dieser Ebene gibt es Buddhas und Bodhisattvas.
3. Das Absolute, die Essenz, die Wirklichkeit, die »So-Heit«, die Leere, die Buddhanatur, der Urbuddha, der allem gemeinsame Wesenskern (der *Dharmakaya*): Dies sind alles Wörter, um die hinter allen Erscheinungsformen stehende Einheit des Kosmos verständlich zu machen bzw. zu vergegenständlichen.

Zwischen einem Buddha und einem gewöhnlichen Menschen besteht kein wesenhafter Unterschied, sondern ein bewußtseinsmäßiger: Ein Buddha ist sich seiner Buddhanatur bewußt, ein gewöhnlicher Mensch nicht, sie ist bei ihm verschüttet in seiner Unbewußtheit.

3.
Zen-Buddhismus

Als Begründer des Zen-Buddhismus gilt der indische Mönch Bodhidharma, der im 5. und 6. Jahrhundert in China lehrte und eine eigene Schule gründete, das *Chan*. Um 1200 fand das *Chan* in Japan Eingang und kam dort unter dem Namen Zen zu neuer Blüte. Zen war eigentlich eine Erneuerungsbewegung innerhalb des Buddhismus. Das riesige philosophische Schrifttum, die Mythologien und die damit einhergegangenen kulturellen Prägungen, die sich im Laufe der Jahrhunderte angesammelt hatten, wurden jetzt als Ballast empfunden. Schließlich geht es um Erleuchtung, einen Zustand, der weder durch das Studium von Schriften noch das Befolgen von strengen Regeln oder Gläubigkeit erreicht werden konnte, das war immer schon klar.

Zen betrachtet sich als eine Form der Mystik, wenn man es unbedingt irgendwo einreihen will. Es ist aber ausdrücklich weder ein philosophisches System noch sonst eine Lehre, die auf Logik, Verstand oder analytischem Denken basiert. Im Gegenteil, das logisch-analytische Denken wird als Falle betrachtet, in die man nur allzu leicht hineinfällt und die vor allem in ihrer letzten Konsequenz tödlich wirkt: Das Lebendige untersuchen, indem man es zergliedert, heißt es töten. Das Leben ist nicht logisch, sondern schöpferisch-urwüchsig und folgt seinen eigenen a-logischen Gesetzen, die nur intuitiv und mit dem Blick auf das Ganze erfaßt werden können. Das logische Denken ist eine dualistische, mit Gegensätzen operierende, rationale Denkweise, welche die menschliche Natur mit ihrer künstlichen Einteilung in Begriffe und intellektuelle Spitzfindigkeiten unterjocht und abtötet. Zen möchte den menschlichen Geist in einen Bereich jenseits jeglichen begrifflichen Denkens locken; nicht einmal mehr Begriffe wie Seele, Gott, Einheit und ähnliche sind nötig.

»Zen will diese Festung der Torheit (daß das Leben logisch ist) stürmen und zeigen, daß wir psychologisch und biologisch, aber nicht logisch leben. In der Logik ist immer Anstrengung und Mühe. Logik ist ich-bewußt. Das gleiche gilt für die Ethik, die eine Anwendung der Logik auf das praktische Leben ist. Ein ethischer Mensch vollbringt Taten der Nächstenliebe, die lobenswert sind, aber er ist sich ihrer jederzeit bewußt, und überdies mag er des öfteren an eine künftige Belohnung für sie denken. Daraus folgt, daß sein Geist befleckt und keineswegs rein ist, mögen seine Taten im übrigen objektiv oder sozial noch so gut sein. Zen verabscheut dergleichen. Leben ist eine Kunst und sollte wie jede vollkommene Kunst selbstvergessen sein, nie dürfte es Qual oder Anstrengung sein. Nach Ansicht des Zen sollen wir leben, wie ein Vogel durch die Lüfte fliegt oder wie ein Fisch im Wasser schwimmt. Wo Zwang herrscht, ist der Mensch ein Sträfling, kein freies Wesen mehr. Er lebt nicht mehr, wie er leben sollte, er leidet unter der Tyrannei der Verhältnisse; er fühlt sich gefesselt und verliert seine Unabhängigkeit. Zen bemüht sich, des Menschen Lebendigkeit, angeborene Freiheit und vor allem die Ganzheit seines Wesens zu erhalten. Mit anderen Worten, Zen will das Leben von innen her leben. Nicht an Regeln gebunden sein, sondern jedem einzelnen seine Regeln schaffen. Das ist die Art zu leben, die Zen uns lehrt. Daher seine unlogischen oder besser überlogischen Aussprüche.«[3]

Mit den unlogischen oder überlogischen Aussprüchen sind die sogenannten Koans gemeint, die vor allem im japanischen Zen-Buddhismus der Rinzai-Schule zu einem wesentlichen Element geworden sind. Koans sind Aussprüche oder Fragen, die sich jeder Logik entziehen und dem Geist helfen sollen, das Hindernis der Vernunft und des Intellekts beiseite zu räumen, um die Grenzen des Dualismus zu überschreiten und zu einer Wahrnehmung höherer Ordnung zu gelangen. So wird z. B. ein Meister gefragt: »Alle Dinge sind rückführbar auf das Eine, worauf ist dieses Eine dann rückführbar?« Des Meisters Antwort lautet: »Als ich im Tsin-Distrikt weilte, besaß ich ein Mönchsgewand, das sieben Chin wog.« Oder ein anderes Koan: »Wenn beide Hände zusammengeschlagen werden, so entsteht ein Ton: horche auf den Ton der einen Hand!«

Die Erleuchtung, die man am Ende erreichen will, ist zugleich der Beginn für ein neues Leben; sie ist eine intuitive innere Schau, wo Einsicht in das eigene Wesen und das Wesen der Welt, eine Empfindung der wahren Wirklichkeit jenseits von Dualität und Logik und jenseits von Raum und Zeit gewonnen wird. Dieses Erlebnis wird *Satori* genannt. Dabei wird klargemacht, daß es nicht nur um einen entspannten Geist in meditativem Zustand und vor allem nicht um Kontemplation geht, bei der man ja den Geist auf einen Gegenstand oder ein Thema richtet, auch nicht um Ekstase oder Trance, sondern es muß eine völlige geistige Umwälzung stattfinden, bei der man zur vollkommenen Freiheit und zur Bejahung des Lebens gelangt.

> »Ein Augenblick genügt, und alles ist verwandelt, du hast Zen, und bist so vollkommen und so natürlich wie immer. Ja, noch mehr: du hast im selben Augenblick etwas völlig Neues erreicht. Alle deine geistigen Kräfte wirken in einem neuen Grundton, beglückender, friedvoller, freudiger als je zuvor. Die Tonart des Lebens ist geändert. Es liegt etwas Verjüngendes im Besitz des Zen. Die Frühlingsblumen lachen heiterer, der Bergstrom rinnt kühler und klarer zu Tal.«[4]

Zen macht es noch klarer als andere Traditionen des Buddhismus, daß das, was als Erleuchtung bezeichnet wird, vor allem im Alltag wirkt; daß Erleuchtung (japanisch *Satori*) das ganz gewöhnliche Alltagsleben in neuem Glanz erstrahlen läßt und eigentlich der vollkommen normale Zustand des Geistes ist.

»Ich weiß nicht warum – und es bedarf auch keiner Erklärung, aber wenn die Sonne aufgeht, so jauchzt die ganze Welt vor Freude, und alle Herzen sind von Seligkeit erfüllt. Ist Zen überhaupt begreiflich, so muß es von hier verstanden werden.«[5]

Satori ist außerhalb von Raum und Zeit: »Solange einer an Raum und Zeit klebt, bleibt Zen für ihn in erheblicher Ferne, sein Feiertag ist schlecht verwandt, sein Schlaf gestört, sein Leben verfehlt.«[6]

Mit der Befreiung aus dem Wiedergeburtenkreislauf befaßt sich Zen nicht weiter; das wäre wieder ein Denken in Begriffen.

In Zen-Klöstern ist harte Arbeit ein wesentliches Element des mönchischen Lebens, sie bildet sozusagen das Gegengewicht zur Meditation. Sie halte den Körper frisch und lebendig und den Geist lebensnah. Zen will nicht blutleer, abstrakt oder weltfremd sein, sondern sich kraftvoll und durchschlagend im praktischen Leben äußern.

Wie es den anderen buddhistischen Richtungen ergangen ist, so entwickelte auch der Zen-Buddhismus im Laufe der Jahrhunderte eine Tradition und viele Eigenheiten, die heute zum Teil selbst bei Zen-Anhängern als veraltet gelten. Das Zen, das gegen jeden Zwang zu sein vorgibt, versteinert in seinen eigenen Zwängen. So etwa wirken die mönchisch strenge Zucht überholt und die Mönchsregeln allzu rigoros. Das Leben im Kloster ist spartanisch, die Einteilung des Tages strikt, das Essen ist mit einem genauen Zeremoniell verbunden und eher karg, und die Arbeit in Haus und Feld ist hart. Der Mönch ist den Meistern gegenüber zu rituellen Ehrfurchtsbezeugungen verpflichtet, und dazu sind die Zen-Meister zum Teil noch unfreundlich und erteilen Schläge. Das Erteilen von Schlägen hat sich als eine Technik eingebürgert, um die Mönche zu verblüffen und aus der gewohnten Denkbahn zu werfen.

Im Zen wird das Meditieren einfach »Sitzen« genannt, um es von anderen traditionellen Meditationsarten zu unterscheiden. Dabei wird einer korrekten Sitzhaltung mit gekreuzten Beinen und geradem Rükken große Wichtigkeit zugemessen, was vor allem für westliche Menschen bei langen Meditationen mit großen Schmerzen einhergehen kann, so daß dann oft der Eindruck entsteht, bei der Meditation gehe es um die Überwindung der Schmerzgrenze.

Obschon der Zen-Buddhismus jeglichem Schriftgelehrtentum abhold ist, hat sich auch bei ihm im Laufe der Jahrhunderte ein eigenes

Schrifttum von beachtlichem Umfang entwickelt, in dem vor allem Koans aufgeschrieben und erklärt werden. So hat die eigene Tradition in vieler Hinsicht die einstige unbekümmerte Frische des Zen eingeholt und wieder in ihr Gegenteil verkehrt. Dem Begründer des Zen ist es somit nicht anders gegangen als Buddha.

4. Der tibetische Buddhismus

Der tibetische Buddhismus in seiner vielgestaltigen Ausbildung zeigt wohl am deutlichsten, wie offen und tolerant der Buddhismus ist für Weiterentwicklungen, ohne dabei auch nur im geringsten die grundsätzliche Lehre zu vergessen oder ihr gar zu widersprechen. In den tibetischen Klöstern finden sich meist riesige Bibliotheken mit den Schriften sämtlicher philosophischen Schulen und Tantras in tibetischer Übersetzung.

Der tibetische Buddhismus enthält nicht nur Mahayana- und Theravada-Lehren, sondern hat auch tantrische Elemente aufgenommen und alttibetische Gottheiten integriert. Von der alttibetischen Bön-Religion stammen die meisten der zahllosen Dämonen und Geister, die im Sinne des Buddhismus als Projektionen des Unbewußten betrachtet werden und meist zu Schutzgottheiten umfunktioniert wurden. Aber auch an Bodhisattvas und Buddhas ist der tibetische Buddhismus reich. Der wichtigste Bodhisattva und Schutzgottheit Tibets ist *Avalokiteshvara*, mit tibetischem Namen *Tschenresi*. Ein weiterer sehr beliebter weiblicher Bodhisattva ist die *Tara*, die in mehreren Arten und Farben vorkommt.

Der im nordöstlichen Indien aufgekommene Tantrismus stand ursprünglich außerhalb organisierter Religionsformen, fand aber sowohl im Hinduismus als auch im Buddhismus Eingang. Mit den Tantras, den verschiedenen Schriften des Tantrismus, und den Yoga-Lehren gelangten viele zusätzliche praktische Übungen in den Buddhismus. Die tibetische Form des tantrischen Buddhismus wird Vajrayana genannt. *Vajra* (ausgesprochen Vadschra) hat zwei Bedeutungen: Donnerkeil und Diamant. Er ist ein Symbol für den tibetischen Buddhismus: Mit dem Donnerkeil werden die Wolken der Unwissenheit und Unbewußtheit durchbrochen, und der Geist gewinnt die Klarheit und Schönheit des leuchtenden Himmels, der dahinter zum Vorschein kommt. Das

Bewußtsein wird rein, strahlend und unzerstörbar wie ein Diamant, es reflektiert alle strahlenden Farben des Spektrums.

Der Buddhismus war nie nur eine gelehrte Theorie, praktische Übungen und eigene Erfahrung gehörten immer dazu. Im tibetischen Buddhismus werden diese Übungen stark erweitert. Sie haben große Ähnlichkeit mit all den Praktiken, die in der modernen (meist noch als alternativ geltenden) westlichen Psychotherapie auch angeboten werden: Entspannungsübungen, Atemtechniken, Yoga, Visualisierung (von emotionalen Inhalten, eigenen Projektionen, Farben, Symbolen, Mandalas etc.); Körperarbeit, Energiearbeit (Miteinbeziehung des Energiefeldes oder Aura), Klang (denken oder äußern) von Tönen oder Silben); in den Tantras auch das Einbeziehen der Sexualität (konkret oder in meditativer Benutzung der Sexualkraft, symbolisch als Vereinigung von Polaritäten oft in Statuen von Gottheiten dargestellt.)

All diesen Übungen liegt die Idee zugrunde, daß der menschliche Körper eine energetische, geistige Matrix und ein Energiefeld hat. Energie ist Schwingung, und deshalb kann man mit der Einwirkung von Schwingungen heilen. Klänge und Farben sind Schwingungen, genauso wie Vorstellungen und Bilder, denn das Denken ist auch Energie, und was man sich im Geiste vergegenwärtigt, hat energetische Wirkung, letztendlich also auch eine Wirkung auf unseren Körper. Die tibetische Heilkunde, sowohl für den Körper als auch für die Psyche, ist vom tantrischen System der feinstofflichen Körper (Aura) mit seinen Energiezentren (Chakras) und Energiekanälen (Nadis) geprägt, das auch in der chinesischen Medizin mit der Akupunktur angewandt und weiterentwickelt wurde.

Die Tantras bildeten zum Teil eine eigentliche Anti-Moral heraus, indem versucht wurde, Ausschweifung mit Ausschweifung zu kurieren, Leidenschaft mit Leidenschaft zu überwinden, also Gleiches mit Gleichem wie in der Homöopathie. Dies ist auch der Grund, warum sie in Verruf gerieten. Auch wenn die extremeren tantrischen Praktiken im Buddhismus keinen Eingang fanden, so können sie doch einen Buddhisten kaum aus der Fassung bringen, denn Moral war ja nie das zentrale Anliegen des Buddhismus, und Heuchler- und Frömmlertum haben hier erst recht keinen Platz. Dem Buddhisten geht es um Bewußtwerdung, und alles, was man voll bewußt, achtsam und aufmerksam tut, kann eine lehrreiche und transformierende Erfahrung sein. Die Grenzen des Zulässigen sind dort, wo man andere verletzen würde.

Im folgenden möchte ich nur noch auf einige interessante Eigenheiten des tibetischen Buddhismus eingehen. Für eine genauere und vollständigere Beschreibung dieser vielgestaltigen Religion sei auf die vielen vorhandenen Sachbücher verwiesen.

Ein Mantra ist eine Silbe oder ein Wort, wobei nicht in erster Linie die Bedeutung wichtig ist, sondern die Klangschwingung, die eine entsprechende Energieschwingung produziert, wenn man das Mantra wiederholt spricht oder singt. Das bekannteste Mantra ist wohl OM (oder AUM), das dem christlichen AMEN verwandt ist. In Tibet ist es eingebettet im Mantra OM MANI PADME HUM, wobei MANI mit Juwel oder Kleinod übersetzt wird und PADME Lotosblume heißt, das Ganze dann mit »Juwel im Lotos« übersetzt wird. Der Klang OM soll die energetische Schwingung der wahren Wirklichkeit / des Kosmos / der Buddhanatur erzeugen, HUM deren Integration im Menschen. Die Lotosblume hat große symbolische Bedeutung im Buddhismus, weil sie wunderschön und zartrosa aus dem Sumpf herauswächst, so wie sich das Bewußtsein aus den Niederungen der menschlichen Sümpfe zu göttlichem Bewußtsein entwickeln kann.

In anderen Übungen wird versucht, mit persönlichen Schutzgottheiten in Kontakt zu kommen.

Der tibetische Buddhismus kannte auch die Technik des Klarträumens (auch luzides Träumen genannt), im Buddhismus unter Traumyoga bekannt. Hier wird versucht, das Wachbewußtsein auf die Träume auszudehnen, d. h. bewußt wahrzunehmen, wenn man träumt. Dies ermöglicht, das Traumgeschehen bewußt zu lenken, mit seinen Träumen schöpferisch und spielerisch zu arbeiten und alle Möglichkeiten zur eigenen Bewußtseinsentwicklung und Selbsterkenntnis auszuschöpfen. Denn der Träumer ist der Schöpfer seines Traums, nicht sein Opfer, und dessen gilt es bewußt zu werden. Mit dem Traum ist es wie mit dem Leben: Irgendwann erwachen wir und stellen fest, daß wir selbst die Gestalter unseres Lebens sind und uns unsere Rolle im großen Welttheater selbst zugeschrieben haben.

Ganz allgemein ist im Buddhismus der Unterschied zwischen (materieller) Wirklichkeit und sogenannter Nichtwirklichkeit fließend, und vor allem ist das Nichtwirkliche nicht weniger wichtig als das Wirkliche. So kann es z. B. auch Visionen geben, die von mehreren Menschen gleichzeitig gesehen werden.[7] Der Buddhist nimmt aber eine weniger extreme Haltung solchen Phänomenen gegenüber ein, als man das im Westen gewohnt ist: Weder tut er sie als unwirklich und bedeutungslos ab, noch betrachtet er sie als *die* Wahrheit schlechthin und macht gleich eine neue Religion daraus. Visionen gelten ganz einfach als relative Wirklichkeiten des schöpferischen Geistes und können einem Menschen Wegweiser und Anregung sein wie Träume.

Viele dieser Praktiken und Erkenntnisse gibt ein Lehrer seinen Schülern durch Einweihung weiter. Es sind Einweihungen in verschiedene Traditionen, wie etwa die heute verbreitete Tradition des Kalacakra. Vieles, was früher geheim war, findet sich heute jedoch in Sachbüchern; und Kultbilder und Mandalas werden auf Kalenderblättern dargestellt und gelangen an die Öffentlichkeit. Trotz allem kann manches nicht verstanden werden, wenn es nicht zugleich in der eigenen inneren Erfahrung, bei der Entwicklung des eigenen Bewußtseins nachvollzogen wird, ob es sich nun um philosophische Abhandlungen oder um die Beschreibung von praktischen Übungen handelt. Für den Anfänger ist es schwierig, Übungen aus einem Buch zu lernen, es braucht dazu praktische Anleitung, wie das auch bei unseren spirituellen Praktiken notwendig ist. In diesem Sinne hat die tibetische Lehre eine exoterische, äußerliche, und eine esoterische, innere, Bedeutung. Die exoterische Seite mag einen Sinn in bezug auf das äußere Leben und Geschehen haben; den esoterischen Inhalt kann man erst erschließen, wenn man sich auf das Abenteuer der Selbstentdeckung einläßt und die Tiefen seines eigenen Unbewußten auszuloten beginnt.[8] Erst dann dämmern einem tiefere Zusammenhänge und Gesetzmäßigkeiten.

Berühmt für den tibetischen Buddhismus ist auch sein Totenbuch. Das Totenbuch ist als Geleit und Wegweiser für Verstorbene gedacht. Es wurde von den Hinterbliebenen für diese rezitiert, damit sie ihren Weg nach dem Tod besser finden sollten. Man nimmt also an, daß Verstorbene noch hören können, was auf dieser Welt gesprochen wird; eine Möglichkeit, die auch von der westlichen Sterbeforschung aufgezeigt wird. Weiter erhält man nach dem Tod die Möglichkeit, aus dem Wiedergeburtenkreislauf auszusteigen, wenn das Bewußtsein genügend entwickelt ist, d. h. wenn man die Chance dazu erkennt und wahrnehmen kann und will. Im anderen Fall findet wieder ein langsames Absteigen zu unserer irdischen Dimension statt, und damit werden die Bedingungen für eine Wiedergeburt geschaffen. Die verschiedenen Stadien, durch die man wieder auf unsere irdische Dimension gelangt, haben große Ähnlichkeit mit den Stadien der Individuation, wie Jung sie beschreibt. Nur geht man in der eigenen individuellen

Entwicklung in umgekehrter Richtung, man steigt auf bzw. arbeitet sich durch und kommt ans Licht.

Nicht nur das irdische Leben, sondern auch das Leben im »Jenseits« – was man darunter auch verstehen mag – hat Prozeßcharakter, man ist also in einem dauernden Wandel begriffen. Nach den Mahayana-Lehren kann dies auch bedeuten, daß die nicht-körperlichen Faktoren des Daseins (das Energiebündel) nicht unbedingt in der gleichen Zusammensetzung bleiben. Die eigenen Gedanken, die mentale Energie, können von anderen mentalen Energien beeinflußt oder »bevölkert« werden, wenn eine gegenseitige Anziehung besteht. Es waltet das gleiche Prinzip wie im irdischen Leben: Man kann vom Zeitgeist oder von einflußreichen Gestalten der Epoche beeinflußt werden oder sich gar mit ihnen identifizieren – mit Napoleon, Alexander dem Großen oder wem auch immer. In dieser Hinsicht hat die Mahayana-Lehre, vor allem der tibetische Buddhismus, gewisse Ähnlichkeit mit der hawaiischen Kahuna-Lehre.[9]

Der tibetische Buddhismus spiegelt sein reichhaltiges Geistesleben in einer ebenso reichhaltigen Symbolik wider, die in Statuen, Wandmalereien, Reliefs, Thankas (Rollbilder auf Seide), in Steinen eingravierten Mantras, verschiedenen Gegenständen, verschiedenen Ritualen mit Maskentänzen, Herstellen von Mandalas aus Sand etc. zum Ausdruck kommt. Alle diese Rituale und Symbole betten das irdische Leben des Tibeters in einen größeren geistigen und kosmischen Zusammenhang und zeigen seine starke Verbundenheit mit der nicht-materiellen Welt, einer spirituellen Dimension.

Einer der häufigsten Ritualgegenstände ist das Gebetsrad oder der Gebetszylinder, im Englischen passender *prayer-wheel* übersetzt, während die deutsche Übersetzung »Gebetsmühle« den falschen Eindruck erweckt, es gehe um ein Abspulen von Gebeten. Ein Gebetsrad ist ein Symbol für die Rotationskraft des Kosmos. Sämtliche Planeten und Gestirne drehen sich um sich selbst und ziehen eine Bahn in ihrem Sonnensystem, ähnlich wie die Partikel eines Atoms. Sternsysteme wie unsere Milchstraße bilden Energiewirbel oder Spiralnebel, wie sie in der Astronomie genannt werden. Diese allem Leben und dem ganzen Kosmos zugrundeliegende kreisende Lebenskraft wird mit einem Gebetsrad symbolisch erzeugt. Ebenso setzt man damit symbolisch Buddhas »Rad der Lehre« in Bewegung, das die Evolution des Bewußtseins antreiben soll.

Das Rad hat allgemein in Asien und im Buddhismus im besonderen einen großen Symbolcharakter. Er steht für das Rad des Lebens, also den karmischen Kreislauf, weiter für das Rad der Lehre, d. h. die Bewegung, die Buddha in diesen Kreislauf bringen wollte, und schließlich auch für die Energiezentren im Körper (Sanskrit *chakra* bedeutet Rad).

Auf jeder tibetischen Tempelfassade ist in der Mitte ein Rad zu sehen, flankiert von zwei Gazellen. Dies erinnert an die erste Lehrrede Buddhas, die er in einem Gazellenhain hielt und bei der Gazellen zu seinen Zuhörern gehörten. Hier setzte er das »Rad der Lehre« in Bewegung.

Zum Schluß soll noch das Phänomen des *Tulku* erwähnt werden, des Kindes, das als Reinkarnation eines früheren Abtes oder einer anderen hochstehenden (im Sinn von bewußtseinsmäßig hochentwickelten) Persönlichkeit wie ein *Lama* (geistiger Führer) oder ein *Rinpoche* (großer Lehrer, Ehrentitel) erkannt wird. Es gibt auch weibliche *Tulkus*. Diese Kinder fallen auf durch ihre ruhige innere Haltung, Würde, Reife und Weisheit. Manchmal geben Äbte vor ihrem Tod noch Hinweise, zu welcher späteren Zeit und in welcher Region sie einst gesucht werden können. Oft wird ein Orakel befragt, oder eine Vision erscheint. Darauf macht sich eine Gruppe von Mönchen auf, um das *Tulku*-Kind zu suchen. Es kann dann geschehen, daß ein kleines Kind den Besuchern freudig entgegenläuft, so als wären es alte, bekannte Freunde. Auf jeden Fall werden auf spielerische Art verschiedene Tests durchgeführt, um die Echtheit des *Tulkus* herauszufinden. So kann zum Beispiel ein Kind ohne Zögern aus einer Reihe von Spielsachen und Gegenständen diejenigen des früheren Abtes herauslesen und dabei erklären, sie gehörten ihm. Oder das Kind kann bereits längere Mantras rezitieren und nennt Leute beim Namen, die es im früheren Leben gekannt hat. Das Kind wird dann zurück ins angestammte Kloster gebracht, meist in Begleitung seiner Eltern oder eines Elternteils. Da ist es schon geschehen, daß ein Hund, der im früheren Leben ein ständiger Begleiter des *Tulku* gewesen war, diesen wiedererkennt.[10] Im Kloster beeindruckt das Kind jedermann durch seine selbstsichere und würdevolle Haltung, wie es Rituale und festliche Anlässe leitet und sich schnell an früher Gelerntes erinnert.

X.
BUDDHA UND SEINE ZEIT

1.
Nordindien zur Zeit Buddhas

Buddha lebte im 6. Jahrhundert vor Christus im Raum der nördlichen Gangesebene, die im Norden von der südlichsten Himalaja-Kette begrenzt wird und heute im indisch-nepalischen Grenzgebiet liegt. Die Region war damals aufgeteilt in verschiedene Königreiche, Fürstentümer und Stammesländer. Die größten Reiche waren Kosala nördlich des Ganges und Magadha südlich des Ganges. Sie beherrschten das ganze Gebiet und nahmen die kleineren Fürstentümer und Stammesländer unter ihre Oberhoheit. Die Herrschenden waren Arier, die als indogermanisches Volk um ca. 1000 vor Christus vom Pandschab in das östlichere Gangestal vorstießen und sich dabei die meist in Stammesverbänden lebenden Ureinwohner unterwarfen.

Die Arier hatten bereits eine hierarchische Gesellschaftsordnung mit vier Klassen oder Kasten, den sogenannten »*varnas*«. Das Sanskrit-Wort »*varna*« bedeutet »Farbe«, was auf den Zusammenhang mit der Hautfarbe hinweist, denn die Arier waren stolz auf ihre helle Hautfarbe und machten sie zu einem Statusmerkmal. Eine helle Haut gilt auch im heutigen Indien und Nepal noch als schöner und edler als eine dunkle. Die unterworfenen dunkelhäutigen Einwohner wurden alle der untersten Kaste zugeteilt. Die ersten drei Kasten waren den Ariern selbst vorbehalten. Die Priester bildeten die oberste Kaste (die Brahmanen), gefolgt von den Adligen und Kriegern (Kshatriyas) und den Handwerkern und freien Bauern (Vaishiyas). Die unterste und vierte Kaste war die der Diener (Shudras).

Diese Einteilung bildete die Grundlage für das indische Kastensystem mit seinen unzähligen Unterkasten, das sich bereits zur Zeit Buddhas entwickelt hatte. Die Unterkasten waren an bestimmte Berufe gebunden, ein Mann »erbte« damit sozusagen nicht nur den Status, sondern auch den Beruf seines Vaters, und die ganze Kastenordnung wurde zunehmend zu einem starren, religiös begründeten Ausbeutungssystem.

Zur Zeit Buddhas hatte die Priesterkaste bereits das Monopol für religiöse Zeremonien, denn nur ein Brahmane konnte und durfte die komplizierten Rituale und Opfer durchführen. Diese wurden nicht nur immer kostspieliger, sondern galten auch immer mehr als absolut notwendig in verschiedenen Lebenslagen. Die Situation war ähnlich wie in Europa zur Zeit vor der Reformation mit dem Ablaßhandel. Es war eine Zeit des Umbruchs und der religiösen Gärung, wobei man in Indien auf andere Weise nach Lösungen suchte als im Westen. Tausende von Unzufriedenen versuchten, zu neuer religiöser Erkenntnis zu gelangen, indem sie eine asketische Lebensweise aufnahmen und als Bettelmönche umherzogen oder ein Leben als Einsiedler fristeten. Es war eine religiöse Freiheitsbewegung gegen die immer stärker werdende Bevormundung durch die Brahmanenpriester mit ihren aufwendigen Opferkulten. Als Asket und Wandermönch konnte man sich diesen Forderungen entziehen und hoffen, selbst zu einer Verbindung mit dem Göttlichen zu kommen.

Das Asketen- und Wandermönchstum war in jener Zeit in Indien fast so etwas wie eine Modeerscheinung. Es war die einzige Möglichkeit, den religiös-gesellschaftlichen Zwängen zu entrinnen. Wandermönche lebten dann sozusagen außerhalb der Gesellschaft, verzichteten auf Besitz und Familie, zogen in die Heimatlosigkeit und zeigten als Kennzeichen oft wilden Haarwuchs und manchmal sogar totale Nacktheit. Askese wurde in vielen Varianten praktiziert: von einfachen Versenkungsübungen, langem Schweigen, bestimmten Diäten oder Fasten, Atemübungen mit langem Atemanhalten, Schlafentzug, stunden- oder tagelangem Verharren in einer bestimmten Körperhaltung, über selbstauferlegte Torturen wie Nagelbretter bis zu Selbstverstümmelung. Das Prinzip jeglicher Askese ist es, durch Entzug elementarer Bedürfnisse oder Peinigen des Körpers einen körperlichen Ausnahmezustand zu erreichen, der dann einen außergewöhnlichen Bewußtseinszustand hervorrufen soll, in dem man sich eine unmittelbare Erfahrung des Göttlichen erhofft. Diese Vorstellung war nicht nur auf Indien beschränkt, sondern auf der ganzen Welt zu verschiedenen Zeiten weit verbreitet.

Die Gegend Nordindiens war voll von wandernden Lehrern, Philosophen, Mystikern und Asketen, die zum Teil eigene Schulen oder Sekten gründeten. Es gab damals noch keine öffentlichen Schulen und Universitäten, und wer etwas zu sagen hatte, wanderte von Stadt zu Stadt, schlug außerhalb sein Lager auf, und die Leute strömten herbei und informierten sich über neue religiöse und politische Ideen.

2.
Das Leben Buddhas

Buddhas Name lautete in der Pali-Sprache Siddhatta Gotama, besser ist er bekannt in der Sanskrit-Version seines Namens, Siddharta Gautama. Sein genaues Geburtsjahr ist nicht bekannt, man nimmt aber an, daß er im April oder Mai des Jahres 563 vor Christus geboren wurde.[1] Sein Vater war *Raja* (Fürst) seines Landes, dem Land der Sakiya. Er war ein wohlhabender Mann und betrieb wie die meisten Leute neben seinem Amt auch noch Landwirtschaft. Die Familie lebte in der Hauptstadt Kapilavatthu. Als seine Mutter hochschwanger war, machte sie sich auf den Weg zu ihrem Elternhaus, um dort ihr Kind zu gebären, wie das damals Sitte war. Der Knabe wurde aber bereits unterwegs geboren, in einem Wäldchen bei Lumbini, wo die Mutter rastete. Buddhas Geburtsort ist deshalb nicht die Hauptstadt, sondern Lumbini, ein Dorf 240 km nordöstlich von Benares im heutigen Nepal. Seine Mutter starb kurz nach der Geburt, und Siddharta wurde von ihrer Schwester, der zweiten Frau seines Vaters, großgezogen. Es kamen noch ein Sohn und eine Tochter hinzu.

Wie es Brauch war, wurde Buddha von seinen Eltern früh verheiratet; die beiden Jungvermählten waren bei der Hochzeit sechzehn Jahre alt. Die Ehe blieb dreizehn Jahre kinderlos, bis dem Paar ein Sohn mit Namen Rahula geboren wurde. Buddha war damals 29 Jahre alt und spielte wahrscheinlich schon längere Zeit mit dem Gedanken, die Heimatlosigkeit eines Bettelmönchs anzunehmen und nach religiöser Erkenntnis zu streben. Dies wurde ihm vermutlich aber von seiner Familie nicht erlaubt, bevor er nicht einen männlichen Nachkommen hatte. Jedenfalls verließ er nach der Geburt seines Sohnes die Familie, um sich der religiösen Freiheitsbewegung anzuschließen. Für seine Frau und sein Kind war in der Großfamilie gesorgt. Die Beweggründe seines Fortgangs werden in einer Legende geschildert, nach der ihm auf seinen unerlaubten Streifzügen außerhalb des Fürstenpalastes hintereinander ein alter Mann, ein kranker Mann und schließlich ein Toter begegneten. So machte er sich erstmals Gedanken über Alter, Krankheit und Tod und wollte unbedingt mehr über das Leben und seine Begleitumstände wissen. Als er dann noch einem Wandermönch begegnete, der einfach gekleidet mit seiner Almosenschale daherkam, aber einen ruhigen und gelösten Blick hatte und ausschaute, als wisse er, was er wolle, war es für Siddharta klar, daß auch er sich auf den Weg machen, die weisesten Meister aufsuchen und herausfinden wollte, was es mit dem Leben auf sich hatte.

Siddharta wurde Bettelmönch, ging zu verschiedenen Meistern in die Lehre und übte sich in asketischen Techniken, um zu religiöser Erkenntnis zu gelangen. Nach jahrelangem Bemühen und rigoroser Hungeraskese sah er ein, daß dies alles nichts nützte. Er gab schließlich die asketische Lebensweise auf, was ihm Verachtung seitens seiner Asketen-Kollegen eintrug. Er versuchte es mit meditativen Praktiken, und diese führten schließlich zum Erfolg. Eines Tages, als er unter einem Pappelfeigenbaum (*ficus religiosa*) saß, hatte er ein Erkenntnis-Erlebnis, und damit wurde er zum *Buddha*, d.h. zum Erleuchteten oder Erwachten. Es war für ihn eine spirituelle Erfahrung, in der er geistige Klarheit gewann und Zusammenhänge erkannte, begleitet von einem überwältigenden Glücksgefühl. Buddha wird denn auch in der Kunst meist mit einem verklärten Lächeln dargestellt. Der Pappelfeigenbaum gilt seither als heiliger Baum und steht in allen buddhistischen Tempelbezirken, oft auch in hinduistischen. Er wird auch *Bodhi*-Baum (Baum der Erleuchtung) genannt.

Buddha fing an zu lehren und hatte bald großen Zulauf. Mit der Zeit gründete er für seine Anhänger eine Gemeinschaft, die *Sangha*, wie der buddhistische Mönchsorden heute immer noch genannt wird. Er gewann auch viele Laienanhänger, d. h. Leute, die nicht dem Mönchsorden beitraten, aber gern zu seinen Lehrreden kamen. Darunter waren alle Bevölkerungsschichten, von den Kastenlosen bis zu den reichen Kaufleuten und den Königen von Magadha und Kosala; Buddha wandte sich gegen alle Kastenunterschiede. Einige Könige unterstützten ihn, indem sie ihm Parks schenkten, zum Teil mit Unterkünften, wo er mit seinen Mönchen während der Regenzeiten übernachten konnte. Während der Trockenzeiten zog er umher und lehrte, und während der Regenzeiten hielt er sich in diesen Parks oder sonst in einem geeigneten Wald oder Hain auf oder besuchte seine Familie. Er galt als einer der bedeutendsten Redner seiner Zeit und war bis zu seinem Tod im Alter von 80 Jahren (wahrscheinlich um 483 v. Chr.) als Lehrer und Redner unterwegs. Als Todesursache nimmt man eine Lebensmittelvergiftung an, die er sich zuzog, als er die Speise eines armen, wohlmeinenden Mannes annahm, der ihm eine Freude bereiten und etwas Besonderes vorsetzen wollte. Er verhielt sich dabei der Sitte entsprechend, kein Essen geringzuschätzen, indem man es zurückwies, sondern zumindest ein wenig davon zu sich zu nehmen.

Buddhas Lehrreden waren immer ruhig und sachlich gehalten, und er führte Gedankengänge systematisch zu Ende. Wiederholungen waren sehr häufig, und er sagte die Dinge auch immer wieder auf andere Art und Weise. Damals waren diese Wiederholungen notwendig, damit man sich das Gesagte einprägen konnte, denn kaum jemand konnte lesen und schreiben, und seine Zuhörer waren auf ihr Gedächtnis angewiesen, wie das die Mönche auch Jahrhunderte nach seinem Tod noch waren. In der überlieferten geschriebenen Form wirken deshalb viele dieser Reden heute repetitiv.

Es wurden Buddha auch übernatürliche Fähigkeiten zugeschrieben, und er soll sie auch einige Male angewendet haben. Aber im allgemeinen lehnte er es ab, auf diese Weise Anhänger zu gewinnen, da die Ausübung solcher Fähigkeiten gefährlich und irreführend sei. Er wollte nicht, daß die Leute ihm wegen irgendwelcher Wunder nachliefen, denn das brachte sie nach seiner Auffassung nicht weiter. Ebenso distanzierte er sich von jeglicher Magie, jeglichem Okkultismus und Spiritismus.

ANHANG

1.
Meditation: Was im Körper geschieht

In neuerer Zeit hat der Westen sein Mißtrauen meditativen Praktiken gegenüber etwas abgelegt, und Bewußtseins- und Hirnforschung untersuchen, was während der Meditation und anderen veränderten Bewußtseinszuständen geschieht. Sie beschäftigen sich dabei mit ähnlichen Phänomenen, wie sie auch in der Traum- und Schlafforschung beobachtet werden. Diese sollen deshalb im folgenden kurz beschrieben werden.[1]

Die Veränderungen im Gehirn sind die interessantesten. Im normalen Wachzustand erzeugt das Hirn Beta-Wellen (d. h. Wellen mit einer Frequenz von 13–40 Hertz), die in den verschiedenen Gehirnregionen unterschiedlich lang, ungleichmäßig und unberechenbar sind und ziellos und chaotisch wirken. Im Zustand der Entspannung werden langsamere Alpha-Wellen (8–13 Hz) erzeugt, die mit zunehmender Tiefe der Entspannung und des meditativen Zustands tiefer (größere Amplitude) und rhythmischer werden. Die Wellen der verschiedenen Gehirnregionen (hinten und vorn, linke und rechte Hemisphäre) zeigen die Tendenz, synchron und harmonisch zu werden. Alpha-Wellen tauchen vor allem im entspannten Wachzustand mit geschlossenen Augen auf. Sie gehen einher mit wohliger Entspannung, ruhigem, gelassenem Denken und einer guten Integration von Körper und Geist.

Der nächsttiefere Frequenzbereich ist der der Theta-Wellen (3–7 Hz). Diese entstehen normalerweise im Schlaf und während tiefer Meditation. In der Meditation gehen sie häufig einher mit gesteigertem und plastischem Erinnerungsvermögen, Phantasie und Inspiration. Im Schlaf sind sie typisch für das sogenannte Traumbewußtsein, d. h. dort, wo die meisten Träume stattfinden (sog. REM-Phasen, »*rapid eye movement*«, da sich im Traum die Augen bewegen).

Die langsamsten Wellen sind die Delta-Wellen (0–3 Hz). Sie treten hauptsächlich im Tiefschlaf auf, d. h. im traumlosen Schlaf, aber auch in Trance und Hypnose. Trance bei vollem Bewußtsein ist eine Vertiefung des meditativen Zustandes.

Die Parallele in der Hirntätigkeit während der Meditation und während des Halbschlafes und Schlafes sind auffällig. Die Tiefe der Entspannung, wie sie im Schlaf stattfindet, ist in der Meditation gepaart mit voller Bewußtheit, was zu einem klaren Geisteszustand und einem erweiterten Bewußtsein führt.

Die sogenannte galvanische Hautreaktion (oder Hautwiderstand) verändert sich ebenfalls während der Meditation und langfristig im allgemeinen. Sie wird gemessen mit Elektroden an der Hautoberfläche und gilt als Streß-Maßstab. Bei Angst und Streß ist sie gering, im Schlaf und während der Meditation kann sie bis um 160 Prozent ansteigen. Sie ist allgemein höher bei Meditierenden und deutet auf ein besseres Bewältigen von Streß und Gefahrensituationen hin.

Weitere mögliche Veränderungen im Körper sind eine verbesserte Blutzirkulation und eine verlangsamte Herzfrequenz. Der Sauerstoffverbrauch wird vermindert, und ein langsameres Atmen tritt ein, wie dies auch im Schlaf der Fall ist.

2.
Historische Stätten

Bodh-Gaya: Ort, wo Buddha die Erleuchtung erlebte, früher Uruvela genannt, 210 km südöstlich von Benares. Heute steht dort noch ein Abkömmling des damaligen Bodhi-Baumes, neben einem Tempel, der im Kern aus dem 1. Jahrhundert nach Christus stammt.

Hain von Lumbini: Buddhas Geburtsort, wo die sechseinhalb Meter hohe Sandsteinsäule wiedergefunden wurde, die Kaiser Asoka im Jahre 245 vor Christus errichten ließ. Lumbini heißt heute Rummindei und ist ein kleiner Weiler in einer öden Flachlandschaft, ca. 3 km nördlich der nepalischen Stadt Bhagvanpur; Wald gibt es dort keinen mehr. Auf dem Geburtsplatz steht heute neben der Säule ein Tempel, der im 19. Jahrhundert errichtet wurde, aber auf älteren Fundamenten steht.

Sarnath: Ort der ersten Lehrrede Buddhas, früher der Wildpark Isipatana, auch Gazellenhain genannt; wenige Kilometer nördlich von Benares. Hier ließ Asoka eine Säule und eine Stupa errichten, von denen noch Reste vorhanden sind, vor allem das Löwenkapitell, das im nahe gelegenen Museum ausgestellt ist. Auch von späteren Bauten (Kloster, Stupas, Tempel) sind nur noch Ruinen vorhanden; vor allem durch den Einfall der islamischen Heere Ende zwölftes Jahrhundert wurde viel zerstört.

3.
Buddhistische Quellentexte

1. Der Pali-Kanon: Der Pali-Kanon ist in drei Teile (Körbe, *Pitaka*) eingeteilt:

Erstes Pitaka (Vinaya-Pitaka): Korb der Ordenszucht. Dieser Korb enthält die Regeln der Ordensdisziplin und daneben auch historisches Material über den Buddha und die Entstehung des Mönchsordens. Er besteht aus drei Teilen: *Sutta Vibhanga*, *Khandakas* und *Parivara*. Die *Khandakas* (Abschnitte) sind wiederum aufgeteilt in *Maha-vagga* (große Abteilung) und *Culla-vagga* (kleine Abteilung). Die Pali Text Society (PTS) hat diesen Korb ins Englische übersetzt; deutsche Übersetzungen gibt es noch nicht, mit Ausnahme einzelner Stücke in Anthologien.

Zweites Pitaka (Sutta-Pitaka): Korb der Lehrreden. Dieser Korb enthält die Lehrreden (*Suttas*) Buddhas und seiner Mönche. Er besteht aus fünf Teilen oder Sammlungen (*Nikayas*): *Digha-Nikaya* (Sammlung der langen Suttas, »Längere Sammlung«), *Majjhima-Nikaya* (Sammlung der mittellangen Suttas, »Mittlere Sammlung«), *Samyutta-Nikaya* (Sammlung der nach Themen zusammengestellten Lehrvorträge), *Anguttara-Nikaya* (Angereihte Sammlung oder Sammlung der gemischten Suttas) und *Khuddaka-Nikaya* (Sammlung der kleineren Texte). Der *Khuddaka-Nikaya* enthält unter anderem einige wichtige Einzelwerke: *Udana* (Aussprüche), *Itivuttaka* (so ist gesagt, »Also sprach der Erhabene«), *Suttanipata* (Sutta-Bruchstücke, Erzählungen aus Buddhas Leben) und *Dhammapada* (Pfad der Lehre).

Dieser Korb bildet die reichhaltigste Quelle für den Theravada-Buddhismus und wurde vollständig von der *Pali Text Society* ins Englische übersetzt. Große Teile wurden auch ins Deutsche übersetzt, so von K. E. Neumann, P. Dahlke, J. Dutoit, R. O. Franke, W. Geiger, Nyanaponika Thera, Nyanatiloka Thera, K. Schmidt und K. Seidenstücker (vgl. Literaturliste). Umfassende bibliographische Angaben zu den deutschen Übersetzungen finden sich in J. Lehmann, *Buddha* (Zusammenstellung nach H. Hecker).

Drittes Pitaka (*Abhidhamma-Pitaka*): Korb der Scholastik. Dieser Korb enthält Schematisierungen der Lehre und Begriffe. Hier bestehen teilweise Übersetzungen ins Englische und ins Deutsche.

Einen Überblick über die gesamte kanonische Literatur des Buddhismus mit Inhaltsangaben und Leseproben gibt Dennis Lindwood in *Das Buddha-Wort*.

2. Andere (außerkanonische) alte Texte: Da das buddhistische Gedankengut immer wieder – bis in die heutige Zeit – neu erklärt und in Sprache und Gleichnissen der jeweiligen Epoche und des jeweiligen Landes angepaßt wird, ist das Schrifttum immens, und es wäre kaum möglich, auch nur die wichtigsten Werke vollständig aufzuführen. Es sollen hier nur noch zwei bekannte alte Texte erwähnt werden:

Milindapanja (1. Jahrhundert nach Christus, Die Fragen des Milindo): Dieser Text behandelt in Dialogform die buddhistische Lehre und die Lehre der Wiedergeburt. Der Fragende, Milinda, ist der griechische Fürst Menandros, der in den Jahren 125–95 vor Christus in der griechischen Kolonie Baktrien (heute ein Teil Afghanistans) herrschte. (Ins Deutsche übersetzt von Nyanatiloka, München 1924).

Visuddhi-magga (5. Jahrhundert, Der Weg zur Reinheit): Eine Zusammenfassung des dritten Pitaka (*Abidhamma*) von Buddhaghosa. (Ins Deutsche übersetzt von Nyanatiloka, Konstanz 1952.)

ANMERKUNGEN

I.
Die wichtigsten Mißverständnisse

1 Aus dem Kalama Sutra, in Alexandra David-Neel, *Buddhism*, London 1939, S. 123. Eine ähnliche Stelle wird zitiert in H. W. Schumann, *Der historische Buddha*, S. 230, und in W. Karwath, *Buddhismus für das Abendland*, beide aus Anguttara-Nikaya 3,65; N. W. Ross in *Buddhism* zitiert ebenfalls eine ähnliche Stelle auf S. 46, aus Anguttara Nikaya 1: »Verlaßt euch weder auf das, was ihr euch durch mehrmaliges Hören angeeignet habt, noch auf Tradition, noch auf Gerüchte, noch auf das, was in den Schriften steht, noch auf scheinbar einleuchtende Argumente, noch auf jemandes scheinbare Fähigkeit, noch auf die Erwägung ›der Mönch ist unser Lehrer, deshalb muß man ihm glauben‹. Wenn ihr selbst wißt: diese Dinge sind nicht tadelnswert, diese Dinge werden von den Weisen gepriesen, wenn ihr sie unternommen habt, und beobachtet habt, daß diese Dinge zu Gewinn und Glück führen, dann befaßt euch mit ihnen und verweilt in ihnen« (Übersetzung von der Verfasserin dieses Buches).

2 Zitat: »Daher, Ananda...«: zitiert in W. Rahula, S. 106, aus Digha-Nikaya II (PTS), S. 100. Ähnlich zitiert in W. Karwath S. 114. Bei der Aufnahme von Laienmitgliedern oder Ordinierung von Mönchen riet Buddha, zur Dreiheit Buddha, Dhamma und Sangha Zuflucht zu nehmen (vgl. Schumann, *Der historische Buddha*, S. 90, 102, 125, 188, aus Mahavagga des Vinaya-Pitaka PTS, 1,12,3–4 und 1,54,3; Culavagga des Vinaya-Pitaka PTS 6,4,1–5).

3 Zitat »Nicht das Verketzern...«: zitiert in W. Karwath, *Buddhismus für das Abendland*, S. 40 f.

4 Aus Udana VI,4; beschrieben in W. Karwath S. 236 f.; ebenfalls, etwas vollständiger, in M. und U. Tworuschkua (Hrsg.), *Vorlesebuch Fremde Religionen*, Bd. 2, Düsseldorf 1988.

II.
Wiedergeburt und Karma

1 Eine gute Zusammenstellung über den Reinkarnationsgedanken in verschiedenen Kulturen gibt R. Zürrer: *Reinkarnation. Die umfassende Wissenschaft der Seelenwanderung*, Zürich 1989.

2 Zitat »Gleich wie das...«: in ähnlichen Übersetzungen zitiert in H. W. Schu-

mann, *Buddhismus*, S. 59; H. Nakamura S. 29; und J. Lehmann S. 77, aus Ilavaga des Vinaya-pitaka (Cv IX,1,4) und Anguttara Nikaya 8,19, V, p. 203.

3 Für weitere Angaben zu diesem Thema vgl. Christian Rätsch: *Von den Wurzeln der Kultur. Die Pflanzen der Propheten*, Basel, Sphinx 1991; und R. E. Schultes und A. Hofmann: *Pflanzen der Götter*, Bern und Stuttgart, Hallwag 1980, 1987.

III.
Vom Geschaffenen und Ungeschaffenen

1 Die fünf Faktoren des Daseins sind folgende:
1. Der Körper mit seinen Sinnesorganen, mit denen der Mensch die Welt aufnimmt.
2. Die Empfindungen, die entstehen, wenn man durch die Sinnesorgane in Kontakt mit der Außenwelt kommt, z. B. angenehm, unangenehm, schön etc.
3. Das Erkennen und Unterscheiden. In-Beziehung-Setzen und In-Beziehung-Stehen, das durch die Sinneskontakte ermöglicht wird.
4. Der Wille, (durch die Sinne) leben und erleben zu wollen; die Sehnsüchte und Begierden; die Absicht, das Gewollte in die Realität umzusetzen.
5. Das Bewußtsein: die Art und Weise, wie mit den anderen vier Faktoren umgegangen wird, die eigenständige, kreative Antwort.

2 Das deutsche Wort »Geist« hat mehrere Bedeutungen, eine entspricht der erwähnten von »Urheber des Denkens«, wie es Redewendungen wie »wes Geistes Kind«, »geistig zurückgeblieben« oder »geistige Fähigkeiten« andeuten. Eine weitere Bedeutung kommt vor in »der Heilige Geist«, »den Geist aufgeben«, wo es etwa »Träger des Lebens« bedeutet, wie es der ursprünglichen Bedeutung, nämlich »Hauch«, »Atem« entspricht. Geist als Lebenshauch, in der Bibel auch Odem genannt, entspricht auch dem Sanskrit-Wort *atman*, das in den Yoga-Lehren mit Atem oder Lebenshauch übersetzt wird und als das allem Leben gemeinsame zugrundeliegende Prinzip betrachtet wird. Vgl. auch das Zitat auf S. 44.
Ähnlich wie dem Wort Geist scheint es dem Sanskrit-Wort *atman* ergangen zu sein, es ergaben sich neue und eingeschränktere Bedeutungen, was dann zu Mißverständnissen führte. Vgl. die Kontroverse um *atman* bzw. *atta* in Kap. 8.

3 Zitat »Es gibt ihr Jünger, ein Ungeborenes...« Zitiert in H. Nakamura, S. 28, aus Udana VIII,3. Ähnlich übersetzt in W. Karwath, S. 33.

4 Vgl. hierzu Stanislav Grof: »Die Feldtheorien sind über die klassische Unterscheidung zwischen Materieteilchen und dem Nichts hinausgegangen. Nach der Einsteinschen Gravitationstheorie und der Quantenfeldtheorie können Teilchen nicht von dem sie umgebenden Raum getrennt werden. Sie stellen nichts anderes dar als Verdichtungen eines kontinuierlichen Feldes, das sich über den gesamten Raum erstreckt. Die Feldtheorie besagt, daß virtuelle Teilchen spontan aus dem Nichts entstehen und wieder im Nichts verschwinden. Die Entdekkung der dynamischen Qualität des ›physikalischen Vakuums‹ gehört zu den wichtigsten der modernen Physik. Es befindet sich in einem Zustand der Leere, doch enthält es potentiell alle Formen aus der Welt der Teilchen.« In *Geburt, Tod und Transzendenz*, S. 66.

5 Zitat »Das, was der feinste Stoff ist...«: zitiert in F. Capra, *Das Tao der Physik*, S. 87, aus der Chandogya-Upanishade, 6.9.4, in: *Upanishaden. Altindische Weisheit aus Bramahnas und Upanishaden*. Übertragen und eingeleitet von A. Hillebrandt, Düsseldorf–Köln, Diederichs 1973, S. 118.
6 Zitat »Diese grundsätzliche...«: F. Capra, *Das Tao der Physik*, S. 123.
7 W. Anderson, *Der tibetische Buddhismus als Religion und Psychologie*, S. 178.
8 Gleichnis vom Floß: in H. Nakamura, S. 15, aus Majjhima-Nikaya 1,2,3, Nr. 22.

V.
Die kosmische Ordnung:
das Dhamma

1 Zitat: »Alle Lehren des Dhamma...«: U Thittila, *The fundamental principles of Theravada Buddhism*, in K. W. Morgan; auch zitiert in N. Wilson Ross, S. 95. (Übersetzt von der Verfasserin dieses Buches.)
2 Zitat: »Nirwana ist Freiheit...«: U Thittila, *The fundamental principles of Theravada Buddhism*, in K. W. Morgan, S. 112.
3 W. Karwath, S. 260.

VI.
Die Vier Edlen Wahrheiten

1 Zitat »Dies, Mönche,... Leiden...« Zitiert in H. Schumann, *Buddhismus*, S. 59–60, aus Mahavagga 1,6,19 des Vinaya-pitaka, PTS-Ausgabe p. 10 = Samyutta-Nikaya 56,11,5, p. 421.
2 Zitat »Dies, Mönche,... Entstehung...« Wie oben aus Samyutta-Nikaya 56,11.5, p. 421; leicht verschieden übersetzt in H. Schumann, *Buddhismus*, S. 76; J. Lehmann S. 63; und H. Nakamura S. 21.
3 W. Rahula, S. 63.

VII.
Der Achtfache Pfad zum rechten Leben

1 Vgl. A. Govinda, *Die psychologische Haltung der frühbuddhistischen Philosophie*, S. 1. W. Karwath gibt eine ausführliche Darstellung des gesamten Achtfachen Pfades, S. 116 ff.
2 Vgl. Karwath S. 122, ohne Quellenangabe.
3 Vgl. W. Karwath S. 161, aus Anguttara-Nikaya X / 176.
4 Vgl. W. Karwath S. 165, keine Quellenangabe.
5 Zitat: »Töten wird zum...«: P. Dahlke, Brockensammlung 1926, zitiert in Karwath S. 145.
6 Geschichte von den zwei Mönchen: erzählt in W. Karwath, S. 137.
7 Zitat: »Ein verständiger...«: zitiert in W. Karwath, S. 146, aus Dhammikasutta.
8 Vgl. Sigalovada-Sutta (Digha-Nikaya 31), zitiert in Rahula S. 181 ff. Als Beispiel diene das Verhältnis zwischen Ehepartnern: »In fünffacher Weise soll die Ehe-

frau als der Westen (andere Beziehungen wurden mit anderen Himmelsrichtungen gleichgesetzt) von ihrem Ehemann geehrt werden: er ist galant ihr gegenüber; er verachtet sie nicht; er ist ihr treu ergeben; er gibt ihr Autorität im Hause und schenkt ihr Schmuck.

Die so geehrte Ehefrau zeigt dem Mann in fünffacher Weise ihre Zuneigung: sie erfüllt ihre Pflichten ordnungsgemäß; sie ist gastfreundlich gegen Verwandte und Besucher; sie ist dem Gatten treu ergeben; sie behandelt sorgfältig, was er ihr gibt; sie ist geschickt und aktiv in der Erfüllung ihrer Pflichten.«

9 Zitat »Nicht soll unser…«: zitiert in H. Schumann, *Buddhismus*, S. 102, aus Majjhima-Nikaya 21 I, p. 129.

10 Zitat »Es gibt, ihr Jünger, ein Gebiet…« Zitiert in W. Karwath, S. 33, aus Udana VIII.

11 Vgl. Sallekha-Sutta, Mittlere Sammlung der Reden des Buddha (deutsche Übersetzung des Majjhima-Nikaya), Nr. 6, wo nach Buddhas Ansicht diese mystischen Zustände nichts anderes sind als »eine Weise, in diesem Dasein glücklich zu sein« oder als »ein friedvolles Leben« (zitiert in W. Rahula, S. 118). Vgl. ebenfalls die Dhatuvibhanga-Sutta Nr. 140 des Majjhima-Nikaya, wo Buddha in der Stille der Nacht ein Gespräch in einer Töpferhütte mit einem Mann namens Pukkusati führt. Hier erklärt Buddha, daß das Nirwana keine geistige Schöpfung ist, im Gegensatz zu Zuständen, in denen sich der Geist auf etwas richtet, wie etwa auf das Gebiet des unbegrenzten Raumes oder das unbegrenzte Bewußtsein. Das Gespräch ist zusammengefaßt in Rahula S. 72. Über die verschiedenen veränderten Bewußtseinszustände in der Meditation vgl. auch D. Goleman, *Buddhas Lehre von der Meditation und den Bewußtseinszuständen*, wie sie in der Visuddhimagga geschildert werden.

12 *Satipatthana-Sutta*, »Die Grundlagen der Achtsamkeit«: Digha-Nikaya 22 oder Majjhima-Nikaya 10. Diese wird in gekürzter Form in Walpola Rahula, S. 162 ff., wiedergegeben. Sie wurde auch von K. E. Neumann übersetzt unter dem Namen »Pfeiler der Einsicht« in *Die Reden Gotamo Buddhas*, Zürich-Stuttgart, Artemis 1956.

13 Zitat: »Da begibt sich…«: zitiert in W. Karwath, S. 205, nach Nyanatiloka, *Das Wort des Buddha*, Konstanz, Christiani 1953.

14 Zitat: »Empfindet da…«: zitiert in W. Karwath, S. 208 (aus Nyanatiloka, vgl. Anm. 13 und W. Rahula aus Sattipathana-Sutta, vgl. Anm. 12).

15 Zitat: »Da erkennt der Mönch…«: Zitat aus W. Karwath S. 210 (Übersetzg. v. Nyanatiloka, vgl. Anm. 13) und W. Rahula, S. 167, aus Sattipathana-Sutta.

16 Zitat: »Über Lust…«: zitiert in W. Karwath, S. 208, aus Majjhima-Nikaya 119; vgl. Anm. 13.

VIII.
Das Nirwana

1 Zitat »Gleich wir die...«: zitiert in W. Karwath S. 27; aus Sutta Nipata 1074 und 1076.
2 Zitat »Wenn diese fünf...«: zitiert in H. Nakamura, S. 27, aus Digha-Nikaya I, 73. An anderen Stellen wird Nirwana mit Seligkeit beschrieben: Suttanipata 1076 PTS und Anguttara-Nikaya Bd. V, S. 414 PTS, nach J. Lehmann, S. 110.
3 W. Rahula S. 132, aus Majjhima-Nikaya I (PTS), 490 ff.
4 Zitat: »Die bereuen nicht...«: W. Rahula S. 123, aus Samyutta-Nikaya I, PTS, S. 5.
5 Vgl. W. Karwath S. 183.
6 St. Grof, *Geburt, Tod und Transzendenz*, S. 296.
7 St. Grof, *Geburt, Tod und Transzendenz*, S. 298.
8 St. Grof, *Das Abenteuer der Selbstentdeckung*, S. 55.
9 Wasson R. G.: *Soma. Divine Mushroom of Immortality*. New York, Harcourt & Brace, 1968. Siehe auch P. Stafford: *Psilocybin und andere Pilze*. Markt Erlbach, Raymond Martin Verlag 1980.

IX.
Verbreitung und Weiterentwicklung der Lehre

1 Vgl. hierzu auch H. Nakamura, S. 18, 19, 20; Rahula S. 97.
2 Der Heilige wird auch *arhant, arahant, arahat* genannt. Ob dieser Titel nur Heiligen gegeben wurde, welche die Erlösung schon erreicht hatten, war wahrscheinlich nicht zu allen Zeiten gleich. Vergleiche hierzu Schumann, *Buddhismus*, S. 39; Anderson S. 53; Karwath S. 27.
3 Zitat: »Zen will diese...«: von D. Suzuki in *Die große Befreiung*, S. 88.
4 Zitat: »Ein Augenblick...«: von D. Suzuki in *Die große Befreiung*, S. 135.
5 Zitat: »Ich weiß nicht...«: von D. Suzuki in *Die große Befreiung*, S. 103.
6 Zitat: »Solange einer...«: von D. Suzuki in *Die große Befreiung*, S. 114.
7 Lama Anagorika Govinda schildert in *Der Weg der weißen Wolken* solche Gruppenvisionen, S. 27 ff.
8 Vgl. Grofs Buch *Das Abenteuer der Selbstentdeckung, Heilung durch veränderte Bewußtseinszustände*, München, Kösel 1987. Ebenso die anderen Bücher von Grof.
9 Ausführlicher in A. David-Neel, *The Secret oral Teachings*, San Francisco 1967; auch erwähnt in W. Anderson, *Der tibetische Buddhismus*, München, O. W. Barth 1979. Für die Lehre der Kahuna auf Hawaii siehe Max F. Long, *The Secret Science behind Miracles*, Santa Monica, De Vorss 1948, und andere Bücher von M. Long.
10 Vgl. Govinda, *Der Weg der weißen Wolken*, S. 192; Dalai Lama, *Mein Leben und mein Volk*, S. 30 ff.; N. Wilson Ross, *Buddhism*, S. 107 ff.

X.
Buddha und seine Zeit

1 Sein Geburtsjahr ist nicht genau bekannt und wird im Zusammenhang mit der Krönung des indischen Kaisers Asoka errechnet. Es besteht eine Fehlermöglichkeit von +3 und −6 Jahren; vgl. H. W. Schumann, *Buddhismus*, S. 15. Für weitere Angaben über Buddhas Leben siehe die beiden Bücher von Schumann.

Anhang

1 Vgl. P. Carrington: *Das große Buch der Meditation*, und J. Holler, *Das neue Gehirn*.

LITERATURVERZEICHNIS

Anderson, W.: *Der tibetische Buddhismus als Religion und Psychologie.* Bern-München, Scherz (O. W. Barth) 1979.

Auboyer, J.,und Nou, J. L.: *Buddha. Der Weg der Erleuchtung.* Freiburg, Herder 1982.

Ayya Khema: *Morgenröte im Abendland. Buddhistische Meditationspraxis für westliche Menschen.* München, O. W. Barth 1991.

Ayya Khema und Rev. Geshin: *Die Frau im Buddhismus.* Gespräch mit Bodhi Baum. In: *Bodhi Baum* 2/83, Wien.

Blofeld, J.: *The Tantric Mysticism of Tibet.* Boulder, Prajna, 1982.

Brauen, M.: *Die Frau im Buddhismus.* In: *Die Braut I*, Völger, G., und v. Welck, K. (Hrsg.), Köln 1985.

Capra, F.: *Das Tao der Physik.* Bern-München-Wien, Scherz (O. W. Barth) 1984. Titel des Originals: »The Tao of Physics«, 1975.

Carrington, P.: *Das große Buch der Meditation.* Bern-München-Wien, Scherz (O. W. Barth) 1977. Titel des Originals: »Freedom Meditation«, 1980.

Chang, C. C.: *Die buddhistische Lehre von der Ganzheit des Seins. Das holistische Weltbild der buddhistischen Philosophie.* Titel des Originals: »The Buddhist Teaching of Totality. The Philosophy of Hua Yen Buddhism«. München, O. W. Barth 1988.

Conze, E.: *A Short History of Buddhism.* London, Unwin, 1980.

Conze, E.: *Buddhist Scriptures.* Harmondsworth, Penguin 1968.

Conze, E.: *Selected Sayings from the Perfection of Wisdom* (Anthologie von Prajnaparamita-Texten). London 1955.

Conze, E. (Hrsg.): *Im Zeichen Buddhas.* Frankfurt, Fischer 1957.

Dahlke, P. (Hrsg.): *Buddha, die Lehre des Erhabenen.* München, Goldmann 1986.

Dalai Lama: *Mein Leben und mein Volk. Die Tragödie Tibets.* München, Droemer Knaur 1962. Titel des Originals: »My Land and my People«, New York, McGraw-Hill 1962.

Dalai Lama: *Das Auge der Weisheit. Grundzüge der buddhistischen Lehre für den westlichen Leser.* München, O. W. Barth 1975.

Dargyay, E. K., und Geshe Lobsang (Hrsg.): *Das tibetische Buch der Toten.* München, O. W. Barth 1980.

David-Neel, A.: *Buddhism, its Doctrines and its Methods.* London, Unwin Paperbacks, 1977. Titel des Originals: Le Buddhisme. Ses Doctrines et ses Methodes, 1939.

David-Neel, A.: *The Secret Oral Teachings.* San Francisco 1967.

Dumoulin, H. (Hrsg.): *Buddhismus der Gegenwart.* Freiburg i. Br., Herder 1970.
Dutoit, J.: *Das Leben des Buddha. Zusammenstellung alter Berichte aus den kanonischen Schriften der südlichen Buddhisten.* Leipzig 1906.
Eliot, Sir Ch.: *Hinduism and Buddhism.* (3 Bde.). London, Routledge and Kegan Paul, 1971.
Evans-Wentz, W. Y. (Hrsg.): *Der geheime Pfad der großen Befreiung,* mit einem psychologischen Kommentar von C. G. Jung. München, O. W. Barth 1978.
Freemantle, F. und Chögyam Trungpa (Hrsg.): *Das Totenbuch der Tibeter.* München, E. Diederichs 1979.
Geiger, W.: *Samyutta-Nikaya,* (2 Bde.). München 1930, 1925.
Glasenapp v., H.: *Der Pfad zur Erleuchtung – Grundtexte der buddhistischen Heilslehre.* Düsseldorf 1956.
Glasenapp v., H.: *Die fünf Weltreligionen,* Köln, Diederichs 1963.
Goleman, D.: *Buddhas Lehre von der Meditation und den Bewußtseinszuständen.* In: Ch. Tart, *Transpersonale Psychologie,* Olten, Walter 1978.
Govinda, A.: *Der Weg der weißen Wolken.* Bern-München-Wien, Scherz 1975.
Govinda, A.: *Die psychologische Haltung der frühbuddhistischen Philosophie.* Wien, Octopus 1980.
Govinda, A.: *Warum ich Buddhist bin.* In: *Bodhi Baum* 3/83, Wien.
Govinda, A.: *Vom Theravada zum Zen.* In: *Bodhi Baum* 1/84, Wien.
Grof, S.: *Geburt, Tod, Transzendenz.* München, Kösel, 1985. Titel des Originals: Beyond the Brain, Albany NY, The State University of New York Press 1985.
Grof, S.: *Das Abenteuer der Selbstentdeckung.* München, Kösel, 1987. Titel des Originals: The Adventure of Selfdiscovery; 1987.
Hecker, H.: *Der Pali-Kanon – Ein Wegweiser durch Aufbau und deutsche Übersetzungen der heiligen Schriften des Buddhismus.* Hamburg 1965.
Herrigel, E.: *Der Zen Weg.* München O. W. Barth, 1958.
Holler, J.: *Das neue Gehirn.* Südergellersen, Bruno Martin, 1989.
Huang-Po: *Der Geist des Zen.* Übertragen und neu bearbeitet von John Blofeld. Bern, Barth 1983.
Humphreys, Ch.: *The Buddhist Way of Life.* London, Unwin Books 1969.
Humphreys, Ch.: *Zen Buddhism.* London, Heinemann 1949.
Karwath, W.: *Buddhismus, Liebe und Sexualität.* In: *Bodhi Baum* 4/82, Wien.
Karwath, W.: *Der Buddhismus und die Frau.* In: *Bodhi Baum* 2/83, Wien.
Karwath, W.: *Zum Thema Abtreibung.* In: *Bodhi Baum* 4/83, Wien.
Karwath, W.: *Buddhismus für das Abendland.* Wien 1971.
Karwath, W.: *Buddhismus im Alltag.* In: *Bodhi Baum* 1/86, Wien.
Karwath, W.: *Der Buddhismus und das Ich.* In: *Bodhi Baum* 2/85, Wien.
Katz, N. (Hrsg.): *Buddhist and Western Psychology.* Boulder/CO, Prajna 1982
Keilhauer, A.: *Buddhismus. Wesen, Werden, Symbolik, Ikonographie.* Stuttgart, Indoculture, 1980.
Keilhauer, A. und P.: *Ladakh und Zanskar.* Dumont Kunstreiseführer, Köln 1982.
King, W. L.: *In den Hope of Nibbana.* La Salle/Ill. 1964.
Lati Rinpoche und Hopkins, J.: *Stufen zur Unsterblichkeit. Tod, Zwischenzustand und Wiedergeburt im tibetischen Buddhismus.* Köln, Diederichs 1983.
Lehmann, J.: *Buddha, Leben Lehre Wirkung. Der östliche Weg zur Selbsterlösung.* München, Bertelsmann 1980.

Ling, T.: *Buddhismus*. In: *Die Religionen der Welt* (Hrsg. G. Parrinder), Wiesbaden, Ebeling 1980. Titel des Originals: »Man and his Gods«, London-New York, The Hamlyn Publishing Group Ltd., 1971.
Ling, T.: *The Buddha*. London, M. T. Smith Ltd., 1973.
Lingwood, D.: *Das Buddha-Wort. Das Schatzhaus der »heiligen Schriften«, eine Einführung in die buddhistische Literatur*. München, O. W. Barth 1992.
Long, M. F.: *The Secret Science behind Miracles*. Santa Monica, De Vorss 1948.
Maslow, A.: *Die Psychologie des Seins*. München, Kindler 1978.
Maslow, A.: *Religions, Values and Peak Experiences*. Columbus / Ohio 1964.
Mookerjee, A., und Khanna, M.: *Die Welt des Tantra in Bild und Deutung*. Bern-München-Wien, Scherz, 1978. Titel des Originals: »The Tantric Way – Art, Science, Ritual«, Thames and Hudson 1977.
Morgan, K. W. (Hrsg.): *The Path of the Buddha: Buddhism interpreted by Buddhists*. New York-London, The Ronald Press Co. 1956.
Nakamura, H.: *Die Grundlehren des Buddhismus*. In: *Buddhismus der Gegenwart* (Hrsg. H. Dumoulin). Freiburg i. Br., Herder, 1970.
Neumann, K. E.: *Die Reden Gotamo Buddhos* (3 Bde.), Zürich, Artemis 1957.
Neumann, K. E.: *Also sprach der Erhabene – eine Auswahl aus den Reden Gotamo Buddhos*. Zürich 1962.
Nyanaponika Mahathera: *Der einzige Weg – Buddhistische Texte zur Geistesschulung in rechter Achtsamkeit*. Konstanz 1956.
Nyanaponika Mahathera: *Gotamo Buddho – Lehrreden des Samyutta-Nikaya*. Hamburg 1967.
Nyanaponika Mahathera: *Sutta-Nipata – Früh-buddhistische Lehrdichtungen aus dem Pali-Kanon*. Konstanz 1955.
Nyanaponika Mahathera: *Geistestraining durch Achtsamkeit – Die buddhistische Satipatthana-Methode*. Konstanz 1970.
Nyanatiloka Mahathera: *Die Lehrreden des Buddha* (Anguttara-Nikaya), 5 Bde., Köln 1969.
Nyanatiloka Thera: *Das Wort des Buddha*. Konstanz 1953.
Nyanatiloka Thera: *Der Weg zur Erlösung*. Konstanz 1956.
Nyanatiloka Thera: *Visuddhi-magga oder der Weg zur Reinheit*. Konstanz 1952.
Oldenberg, H.: *Buddha, sein Leben, seine Lehre, seine Gemeinde*. Stuttgart 1959.
Pulley, S.: *Als Mönch in Burma*. Wien, Octopus 1981.
Rahula, W.: *Was der Buddha lehrt*. Zürich, Origo 1973.
Ross, N. W.: *Buddhism, a Way of Life and Thought*. London, Collins 1981.
Schmidt, K.: *Buddhas Reden – die Sammlung der mittleren Texte des buddhistischen Pali-Kanons*. Hamburg, rororo 1961.
Schmidt, K.: *Worte des Erwachten. Vom Leben Buddhas und vom achtfachen Pfad*. München 1951.
Schumann, H. W.: *Buddhismus, Stifter, Schulen und Systeme*. Olten, Walter 1976.
Schumann, H. W.: *Der historische Buddha*. Köln, E. Diederichs 1982.
Schumann, H. W.: *Mahayana-Buddhismus*. München, E. Diederichs 1993.
Seidenstücker, K.: *Pali-Buddhismus in Übersetzungen. Texte aus dem buddhistischen Pali-Kanon und dem Kammavacam*. München 1923.

Snelling, J.: *Buddhismus. Ein Handbuch für den westlichen Leser.* München, E. Diederichs 1991.

Suzuki, D. T.: *Die große Befreiung.* Bern-München-Wien, Scherz (O. W. Barth), 1983 (1958).

Suzuki, D. T.: *Essays in Zen Buddhism*, London, Rider 1950, 1985.

Tart, Ch. T. (Hrsg.): *Transpersonale Psychologie.* Olten, Walter 1978. Titel des Originals: »Transpersonal Psychologies«, New York, Harper & Row 1975.

Trungpa, Chögyam: *Das Buch vom meditativen Leben.* München, O. W. Barth 1988. Titel des Originals: »Shambala. The Sacred Path of the Warrior«, Boston/MA, Shambala Publications 1984.

Trungpa, Chögyam: *Aktive Meditation.* Bern, Walter 1978.

Trungpa, Chögyam: *Das Herz des Buddha. Buddhistische Lebenspraxis im modernen Alltagsleben.* München, O. W. Barth 1993.

Tworuschka, M. u. U. (Hrsg.): *Vorlesebuch fremde Religionen Bd. 2, Buddhismus und Hinduismus.* Düsseldorf 1988.

U Thittila, M. T.: *The fundamental principles of Theravada Buddhism.* In: *Path of the Buddha* (Hrsg. K. W. Morgan). New York-London 1956.

Watts, A. W.: *Zen-Buddhismus.* Reinbek bei Hamburg 1961. Titel des Originals: »The Way of Zen«, New York, Random House.

Wilber, K.: *Wege zum Selbst.* München, Kösel 1984. Titel des Originals: »No Boundary«, Boulder/CO, Shambhala 1979.

NAMEN- UND SACHREGISTER

Religionen

Sukie Colegrave
Yin und Yang
Die Kräfte des Weiblichen und des Männlichen
Eine inspirierende Synthese von
westlicher Psychologie und östlicher Weisheit
Aus dem Englischen von Ingrid Margarete Reinisch
Band 3335

Lama Anagarika Govinda
Buddhistische Reflexionen
Über die Bedeutung des Buddhismus für den Westen
Band 10098

Holger Kalweit
Die Welt der Schamanen
Traumzeit und innerer Raum
Mit einem Vorwort von Elisabeth Kübler-Ross
Band 6575

Sheldon B. Kopp
Triffst du Buddha unterwegs...
Psychotherapie und Selbsterfahrung
Band 3374

Daisetz T. Suzuki
Die Kraft des inneren Glaubens
Zen-Buddhismus und Christentum
Aus dem Englischen von Ulli Olvedi
Band 6586

Die Weisheit des Laotse
Herausgegeben von Lin Yutang
Aus dem Amerikanischen von Gerolf Coudenhove
Band 6504

Philosophie

Eine Auswahl

Francis Bacon
Weisheit der Alten
Philipp Rippel (Hg.). Band 6588

Seyla Benhabib
Kritik, Norm und Utopie
Die normativen Grundlagen der Kritischen Theorie
Band 10723

Henri Bergson
Die beiden Quellen der Moral und der Theologie
Band 11300

Petra Braitling, Walter Reese-Schäfer (Hg.)
Universalismus, Nationalismus und die neue Ethik der Deutschen
Philosophen und die Politik
Band 10963

Ernst Cassirer, J. Starobinski, Robert Darnton
Drei Vorschläge, Rousseau zu lesen
Band 6569

René Descartes
Ausgewählte Schriften
Ivo Frenzel (Hg.). Band 6549

Denis Diderot
Über die Natur
Jochen Köhler (Hg.)
Band 6583

Hans-Georg Gadamer (Hg.)
Philosophisches Lesebuch
3 Bände: 6576/6577/6578

Ludwig Giesz
Phänomenologie des Kitsches
Band 12034

Horst Günther
Zeit der Geschichte
Welterfahrung und Zeitkategorien in der Geschichtsphilosophie. Band 11472

Heidrun Hesse
Vernunft und Selbstbehauptung
Kritische Theorie als Kritik der neuzeitlichen Rationalität
Band 7343

Thomas Hobbes
Behemoth oder Das Lange Parlament
Herfried Münkler (Hg.)
Band 10038

Max Horkheimer
Traditionelle und Kritische Theorie
Fünf Aufsätze. Band 11328

Max Horkheimer (Hg.)
Zur Kritik der instrumentellen Vernunft
Band 7355

Fischer Taschenbuch Verlag

fi 69 / 15 a

Fischer Wissenschaft
Eine Auswahl

Erich Auerbach
Philologie der Weltliteratur
Sechs Versuche über Stil und Wirklichkeitswahrnehmung
Band 11474

Michail M. Bachtin
Formen der Zeit im Roman
Untersuchungen zur historischen Poetik
Band 7418
Literatur und Karneval
Zur Romantheorie und Lachkultur
Band 7434

Pierre Bourdieu
Satz und Gegensatz
Über die Verantwortung des Intellektuellen
Band 11007

Ernst Cassirer
Der Mythus des Staates
Band 7351

Enrico Castelnuovo
Das künstlerische Portrait
Das Bildnis und seine Geschichte in Italien von 1300 bis heute
Band 11005

Ernst Robert Curtius
Balzac
Band 7358
Kritische Essays zur europäischen Literatur
Band 7350

Mary Douglas
Ritual, Tabu und Körpersymbolik
Sozialanthropologische Studien in Industriegesellschaft und Stammeskultur. Band 7365

Vilém Flusser
Die Schrift
Hat Schreiben Zukunft?
Band 10906

Clifford Geertz
Die künstlichen Wilden
Der Anthropologe als Schriftsteller. Band 11279

Friedrich Gundolf
Anfänge deutscher Geschichtsschreibung von Tschudi bis Winckelmann
Band 11241

Herbert Heckmann/
Gerhard Dette (Hg.)
Erfahrung und Fiktion
Arbeitswelt in der deutschen Literatur der Gegenwart
Band 11714

Fischer Taschenbuch Verlag

fi 406 / 13 a